LOS DIARIOS DE HANNAH

Sion Serra

LOS DIARIOS DE HANNAH

Epílogo de Laura Llevadot

UNA DOBLE TRANSICIÓN DE GÉNERO

© Sion Serra Lopes, 2023

© Epílogo de Laura Llevadot

© Fotografías cedidas por cortesía de Toni Payán

© Imagen de cubierta: Toni Payán

Montaje de cubierta: Juan Pablo Venditti

Corrección: Carmen de Celis

Derechos reservados para todas las ediciones en castellano

© Ned ediciones, 2023

Primera edición: marzo, 2023

Preimpresión: Moelmo SCP
www.moelmo.com

ISBN: 978-84-19407-04-7
Depósito Legal: B 2611-2023

Impreso en Sagrafic
Printed in Spain

Ned Ediciones
www.nedediciones.com

A la memoria de Mar C. Llop

ÍNDICE

ME ESTOY TOMANDO PASTILLAS DE BAYER®
(Y NO SON ASPIRINAS)

Para no saltarme ningún día ni repetir la toma, empecé el primer día de otoño y así, ante la duda, podré contrastar los *blisters* con mi calendario, como una yonqui. Sé que quiero jugar a esto durante un año, pero no sé si lo haré. Puede que me caiga, me lastime o simplemente me arrepienta. Puede que lo critiquen y se rían de mí, y así me hagan caer. No creo que me lo prohíban. Quizás intenten destruir mi juguete como cuando yo tenía cinco años. Sentado en el suelo, junto a mi madre que cosía, unas veces a mano, otras con la vieja Singer con pedal de hierro y tapa de madera, yo hojeaba algún número de la *Crónica feminina*, revista portuguesa para el ama de casa, y recortaba con delicadas tijeras unas fotos en blanco y sepia con modelos de pasarela, señoras con extraños sombreros y vestidos en posturas aún más extrañas que mi imaginario adoptaba, sin que me diera cuenta, y a las que llamaba, cariñosamente, las cutres. Quizás porque no lo viera adecuado para un niño, que debía llegar a ser hombre y jugar con cosas de niños, o quizás por simple sadismo, alguien las rompió delante de mí. No recuerdo si lloré hacia fuera o hacia dentro. Pasados casi cuarenta años, ¿quién querrá volver a hacerme llorar?

No me encuentro más sensible ni menos fuerte de lo habitual. Clínicamente hablando, estoy haciendo un tratamiento hormonal feminizante. Socialmente hablando, es una transición de género. Hablando yo, decidí escuchar a mi cuerpo interior.

¿Por qué? Quizás no haga falta ninguna revelación, ninguna llamada, ningún malestar, ni mucho menos una sentencia externa, para querer transitar por el género, atravesarlo o, como se dice todavía, para cambiar de sexo; no de momento. En todo caso, esa revelación la construyo yo, como cualquier libro sagrado: sin dioses ni pretextos. Llevo años preguntándome si de verdad existe el género o si, con tanto querer estar a la última, ya nos quedamos atrás hace rato, pensando como arbustos, hablando antiguo. No compadezco a quienes solo buscan estar a la última, producir, hacer *fitness* y pasarlo bien; que cada cual busque lo que pueda. Yo soy lo único que puedo buscar.

La vida me parece a veces un laberinto con varios juegos a lo largo del camino. Hay opciones que bloquean salidas y otras que las amplifican o abren nuevas ventanas. Nadie sabe cómo va a acabar la cosa. Yo, por supuesto, tampoco lo sé. Supe cómo empezarlo: con acetato de ciproterona y valerato de estradiol; y conozco algunas de sus consecuencias: disminución o pérdida de la libido, piel seca, cambios de humor, redistribución de la grasa corporal, desarrollo mamario, pérdida de erecciones espontáneas. Estos no son efectos secundarios, o no son, en todo caso, los que me preocupan. Me preocupan, sí, y me estimulan: lo imprevisible, las miradas, el verme yo de nuevo en la fase del espejo, o algo por el estilo. Las reglas me las voy poniendo en función de lo que ocurra. Por ejemplo, regla número tres: solo abrirás el juego cuando alcances velocidad de crucero —la dosis máxima—. Pero este no es un viaje con destino predefinido. El género no es un hogar, y aún menos un destino. Por eso no hay escenarios predeterminados; solo procesos premeditados.

Me pican las piernas. Todos los calcetines me aprietan. Me cambio la ropa a menudo. Tengo la sensación de que me pasan cosas que no son reales, y que eso huele a locura. Ten a alguien cerca, digo de mí para mí. Ten a alguien cerca o escribe un puto libro y di quién eres. Tal vez así empieces a orientarte un poco tú, en vez de que te orienten los demás, como siempre ha ocurrido. Hasta ahora.

El futuro es *vintage*

Escribir un blog, que es como empieza este libro, ya no está de moda, y eso me tranquiliza. Siempre conviví con este desfase: entre el apego a lo que ya no se lleva y el deseo de lo que aún no es tendencia o ni siquiera existe. Por eso no le hago ascos a la figura obsoleta, casi naif, de la gente que escribe blogs. Lo *vintage*, lo desactualizado, lo simple y llanamente viejo me apartan del presente, que es donde se hallan casi todos los peligros. En ese sentido, es un lugar de huida, como el futuro. Hay gente que huye hacia adelante; yo me refugio en lo que conozco. Por eso me complace tenerlo todo de segunda o tercera mano, de las camisas al molinillo de café, comprado o intercambiado, porque el trueque y el don son más antiguos que el dinero.

He escrito mucho. Miles de folios en lo que llevo de vida alfabetizada. No es una exageración, y las personas que escribís sabéis bien a qué me refiero. Solo en tesis y tesinas, casi mil páginas. Poemas, cientos y cientos, que podrían haber sido escritos por poetas distintos, o alguno muy quebradizo. Ahora vuelvo a escribir para dejar descendencia. Mi desgana de ser padre o madre es bien conocida, pero no pienso desaprovechar el potencial poético de las hormonas.

Me fui a la peluquería a hacerme una permanente. Le pregunté a la peluquera si todavía se lleva, o si ya solo se la hacen algunas señoras mayores. Me contestó, cortés, que los chicos no suelen hacérselas, por lo menos en un pueblo tan pequeño. Pensé entonces que la permanente es como los blogs: un refugio *vintage*, alejado de la crueldad de las comparaciones, aunque vulnerable, quizás, a la crueldad del ridículo. Pero hace años que se ríen de mí o me miran raro, y lo raro ahora sería dejar de serlo. Me dirán que los blogs ya no se llevan, que con este pelo ya no parezco yo, o que parezco otra cosa, pero al menos no podrán compararme.

Las comparaciones son odiosas: os lo digo como *retrovictim*. *Retrovictim* no es lo contrario de *fashion victim* porque lo *retro* fue *fashion* en su día, o por lo menos corriente, ya fuese un cromo del Mundial de 1986 o un teléfono rojo-Almodóvar. Sin embargo, con el paso del tiempo, las cosas se vuelven tan añejas que ya no tienen cabida en el circo de las novedades, ni siquiera, para muchos, de lo *vintage*. Ciertos objetos de mi infancia, como aquellos auriculares de esponja naranja y la margarina con sabor de chocolate, u otros del tiempo de mis padres, como las lámparas de opalina, o echarse talco en los sobacos, aún se consideran *vintage*, pero tirar los restos de comida por la ventana para que se los coman los perros callejeros o vestirse al estilo victoriano ya no caen bajo esa categoría porque ha pasado demasiado tiempo o porque, en el último siglo, la sucesión de costumbres, empujada por la industrialización y las guerras, fue mucho más acelerada y atropellada. Puede que la generación que nos antecedió haya sido testigo de más cambios y de transiciones más rápidas de aquello para lo que estaba preparada, o puede que yo tampoco esté preparada para un cambio tan rápido. Quizás mi transición de género sea un ejercicio de duelo hacia quien fui y hacia algo que ya no sirve, para situarme en un lugar libre de comparaciones, donde los opuestos suman, donde puedo actualizarme y desactualizarme a mi antojo.

En ese camino, es probable que me aleje de quienes querrían conservarme tal como me conocieron, o que simplemente se oponen a este tipo de búsqueda. No les critico; de hecho, creo entender sus razones. Pero me mueve un deseo, una llamada a participar en una razón que me acoge y me supera, algo así como una intuición colectiva, donde transitar por el género se me presenta como algo inevitable en mi paso por la vida. Transitar por el género: poder, al fin y al cabo, decidir cómo quiero que me llamen, porque casi todos los nombres nos hacen creer que tenemos un género, y casi nunca, por desgracia, los elegimos.

Si os hablo de la permanente, no es como un logro; yo solo quería reducir la longitud de mi pelo sin cortarlo, y los rizos permanentes me parecieron la solución más coherente con mi atracción por el desuso, o con mi apego a un imaginario de la infancia. Sin ir más lejos, mi madre se hacía rizos permanentes dos veces al año, y ella fue la única mujer a la que amé.

Así que me hice una permanente no porque sea cosa de mujeres, sino para apaciguar un deseo. Y vivir *vintage*.

Eso implica estar menos pendiente todavía de lo que piensen o digan los demás. Hacerme una permanente. Escribir un blog. Regalar mi tostadora eléctrica a una vecina y comprarme una para la cocina de butano, como las antiguas, que llevaban amianto. Tomar la temperatura con un termómetro de mercurio. Llevar un pañuelo con un estampado de patos que ya nadie se atrevería a lucir. Hasta hice que me confeccionaran unas sábanas de seda con unos estampados imposibles que tienen tanto de convencional como yo. Son una auténtica locura. Ya nadie duerme entre motivos náuticos ochenteros y vacas parisinas, sobre todo por aquello de no soñar con naufragios y mantequilla. Pero no os podéis imaginar cómo se deslizan por mi piel. Y eso es muy importante —esencial, de hecho, porque es la única caricia que puedo sentir por las noches.

Café solo, nunca más

El otro día encontré a la venta una cafetera «familiar» de Moulinex igual a la que se compraron mis padres en 1982 y me puse a llorar. «Esto son las hormonas», me dije. Y sí, puede que sea una mezcla de desamor con estradiol. Cuando empecé, sabía que no iba a contar con una fuente estable de oxitocina, como puede ser una relación afectiva con algo que te abrace. Esa carencia la voy supliendo con el desapego al que varios finales infelices me fueron acostumbrando.

Los objetos antiguos juegan un papel importantísimo en mi transición: me sujetan a un pasado doloroso que me sigue inspirando vidas siempre nuevas y más interesantes que la mía, y que nunca llegaré a agotar. Aun así, la cafetera de filtro de Moulinex, de plástico rígido naranja y blanco, botón con lucecita de encendido, depósito para el agua de color canela oscuro, translúcido, y numeración futurista indicando la cantidad de dosis que saldrán, hasta diez (¿cuántas veces tuve en mi casa a más de ocho personas a la vez?, ¿y tomando el café...?); aun así, esa cafetera fue un reprobado más que evidente en materia de educación sentimental. ¿Cómo iba yo a superar el complejo de Edipo si el momento álgido del día era por la mañana, cuando me levantaba y veía, con una pena infinita, que mi madre ya se había tomado su café y que yo me lo tendría que tomar sin ella? (Esto a partir de los doce años, cuando se me permitió el café, así que los más puristas dirán que ni Edipo ni hostias).

15

¿Y cómo apaciguará esta excentricidad la añoranza que siento por mi madre, o por quien fui cuando, en invierno, mientras ella me bañaba, se metía mi ropa interior entre la bata y la chaqueta de lana, muy cerca de su pecho, para ponérmela, caliente, nada más secarme?

Ahora que soy la única persona en esta casa, tan lejos de la de mi infancia, aun cuando no haya nadie más (que es casi siempre), hago café para dos. Uno, el que me tomo; el otro, el que se enfría como toda ilusión. En definitiva, la cafetera Moulinex no hace café para diez, ni para ocho; lo que hace es crear la ilusión de que habrá ocho personas en mi casa, y que mi soledad se disolverá en ellas; lo que hace, como una bendición mecánicamente repetida, es mantener viva una fe incombustible en algo que no se puede demostrar.

Descartada la Moulinex, le mandé un correo electrónico a mi hermana, llorando aún, pidiéndole que me enviara una bolsa de ganchillo que me había hecho mi madre para ir a comprar pan, con una rosa trágica y triste como yo. Llorando por las hormonas. Ay, mamá, que te escribo en español. Ya nada es como antes. Mi mamá no me está leyendo. No me recibe. Mi hermana sí, está al otro lado de las ondas electromagnéticas, la llamada se entrecorta, pero la vuelvo a llamar y le explico que estoy haciendo una sustitución hormonal, y que no se preocupe, que es como si estuviera embarazado, pero sin esperar nada a cambio.

HAY UN CUERPO QUE SE ME ESCAPA

Mi hermana sabe que no miento y eso es lo que tiene mi familia: no nos hacemos regalos, pero nos decimos las cosas como son.

Dicen los expertos que es muy pronto para ver cambios, algo que interpreto como una señal de alerta, no sea el caso de que me esté volviendo loco, o loca... o locas. Pero la verdad es que los calcetines nunca me habían marcado tanto las piernas y los pies. Cada noche, cuando me descalzo y me quito los pantalones, me quedo mirando esa línea de asfixia, donde la sangre no fluye como era habitual. Debe de ser el eslabón más bajo de la gangrena, pienso, así que durante el día, siempre que puedo, evito los calcetines y, por la noche, me embadurno las piernas. Quizás debería decir que me las hidrato, pero la necesidad de echarme crema una y otra vez es tal que ya no siento que sea un cuidado, sino una obsesión.

También me dicen que es pronto para que el vello se me haga más fino, pero cuando me toco las piernas y los brazos la sensación ya no es la de antes. Quizás no me esté volviendo loca. Quizás solo esté cambiando mi forma de sentir. O quizás la locura sea eso: sentir las cosas de una forma distinta a la mayoría, que a su vez está más segura que tú de su propio delirio. La democracia era eso, ¿verdad? Gana el delirio que más adeptos tenga, triunfa la paranoia más verosímil. Y con estas perlas de sabiduría me reconcilio con la autosugestión. ¿Es como estar embarazado sin esperar nada a cambio, o es como estar embarazado solo en tu cabeza? Porque, claro, las cinco pastillas que te tomas cada mañana con el segundo café, ese que ya no esperas a que se enfríe, te afectan a la cabeza. ¿O no?

Por momentos me tienta pensar que no soy más que un puto ególatra entre tantos, y se me olvidan los matices. Ególatra, sí; o quizás lo suficiente para soportar las miradas, las risas, los comentarios, para afrontar unos cambios que no están siendo como me los imaginaba. Hay un cuerpo que se me escapa. Y no porque los médicos no me hayan informado bien, ni porque no haya leído lo suficiente, ni porque sea la primera persona trans que conozco. Los médicos que visité demostraron una apertura excepcional y una capacidad extraordinaria para entender este juego en el que, como en todos los juegos, algo se pierde y algo se gana. Las lecturas las hago cada día, además de lo que escribo, para que quede constancia para mí mismo, cuando vuelva a ser otro, y para todos vosotros. Tampoco sé si soy una persona trans ni estoy segura de que esa especie de categoría sea útil durante mucho más tiempo, a menos que sirva para redescubrirnos y actuar con otra naturalidad. Si ser trans es estar en tránsito, ¿en qué momento sabe una que llegó a su destino? Esperar a un bebé sin ansias de azul o rosa. Elegir un nombre a sabiendas de que podrá y quizás deberá ser contestado. Inspirar y transmitir antes que educar y dirigir. Ser más cosas antes que acumular pertenencias. Ligar de formas distintas. O dejar de ligar y hacernos, simplemente, un pasaporte a la utopía de no estar solos.

SOY UNA MUJER CON UN PAR DE HUEVOS, LITERALMENTE

Pero estoy convencida de que tienen mucho más valor las mujeres que los tienen simbólicos, desde las que se quitan el hiyab en Irán hasta las que cruzan la frontera de México hacia Estados Unidos con la ayuda de hombres que intentarán violarlas, y a menudo lo harán; las afganas, las uigures, y todas las que tuvieron la desgracia de nacer bajo regímenes misóginos, racistas, clasistas, condenadas a la humillación por adulterio, a la tortura por desobediencia, a la muerte por incumplir alguna ley religiosa, aunque no hayan hecho nada más que ser mujeres, y que el fanatismo que las envuelve las utilice tan solo para escenificar el teatro real, inhumano, del poderío de los hombres. ¿Qué hombre justo querría ser hombre en un mundo como este? Quizás sea la pregunta que inconscientemente nos hacemos muchas de las personas que nacimos con testículos y aprendimos algo de ética.

No nos engañemos: esas realidades no son lejanas y sí nos conciernen. En países subsaharianos donde escasea el agua que alguna multinacional saqueó para revenderla embotellada, la ropa que desechamos la cargan muchas mujeres sobre sus cuerpos molidos, vendiéndola de pueblo en pueblo, quilómetro tras quilómetro, para no morir de hambre. Las menores que sufren abusos por parte de sus padres o hermanos, o las monjas abusadas por clérigos, y todas aquellas personas que padecen un sinfín de injusticias —que incluso me resulta injusto generalizar, pero que hay que seguir nombrando y combatiendo— son víctimas de prejuicios, tabúes y tradiciones que reproducimos sin darnos cuenta del daño que causan, o quizás sin querer darnos cuenta de ello porque la vida ya es muy complicada. Que sí, que lo es, pero entonces no me digáis que me la complico transitando por el género, porque muchos estáis hechos un lío como yo, solo que todavía no habéis levantado la moqueta para no ver la mierda que lleva años acumulándose. Ahora bien, yo la empiezo a ver, y no es para tanto. Además (ojo, viene espóiler), no es solo mierda lo que encontramos. También nos encontramos a nosotros mismos. Y poder reinventarse teniendo en cuenta la verdad completa de quiénes somos es lo más parecido a eso de ser feliz.

Porque si mis huevos son literales —me nacieron ahí, entre pierna y pierna, en una bolsita, aún estaba yo dentro de mi madre, así que no me felicitéis por tenerlos ni tampoco os lamentéis—, lo que no es literal, para nada, es mi sentimiento transitorio de ser mujer. No digo sentimiento como algo sin importancia, ni insinúo que por ser transitorio tenga menor trascendencia. Creo que el problema de las personas trans —no solo que las demás nos reconozcan, sino ante todo el de reconocernos nosotras mismas— tiene mucho que ver con la mala reputación de lo sentimental y lo transitorio.

Lo digo yo, y lo sugirió hace años el neurocientífico António Damásio: el sentimiento de sí mismo es la base sobre la que mapeamos la realidad, y sin ese sentimiento hecho de emociones —impresiones que el mundo deja en nosotros a cada instante gracias a nuestra capacidad de sentir, relacionar, memorizar, entender e imaginar—, simplemente, no habría conciencia. En cuanto a lo transitorio, siento que el origen de casi todos los conflictos es la rigidez de las creencias. ¿Y qué nos viene a la mente cuando se habla de creencias? Supersticiones, quizás; o religiones, formas mucho más sofisticadas y codificadas; o nuestros sistemas de valores. Pero ¿y la raza?, ¿y el género? ¿Cuántas personas se sienten de una raza u otra, o de ninguna, según el lugar donde viven, o sus condiciones materiales? Por poner el ejemplo del aspecto físico que más se generalizó para sostener la creencia en la raza, cuanto más nos supone un privilegio nuestro color de piel, menos problemas representa y más nos olvidamos de él, y a la inversa: cuanto más nos supone un estigma, más problemas nos crea y más presente se nos hace.

Algo semejante ocurre con el género. En la mayoría de las sociedades, el privilegiado es el que nace con huevos literales: se le asigna el género masculino al nacer, o incluso antes, y se le brindarán oportunidades que no tendría si fuera mujer. También se le impondrán exigencias específicas de su género, según la norma social en la que nacen ya sumergidos, pero, a la vista de las desigualdades globales y de la opresión significativamente mayor que padecen las mujeres, parece indiscutible que el género privilegiado sigue siendo el masculino, razón por la cual los hombres, en general, no están tan concienciados ni interesados en combatir las desigualdades de género, para empezar, y en la abolición del género a secas, para continuar. ¿Por qué razón acabar con algo que me beneficia? Y no hablemos ya de personas que suponen un problema al sistema de género dominante: el binarismo. Salvando las excepciones, casi todas en sociedades precapitalistas o poscapitalistas, donde el sistema tuvo que absorber focos de resistencia y domesticarlos, abriendo paso al fantástico mundo del *marketing* identitario. ¡Sé tú mismo! Menuda orden que nadie puede seguir.

Mientras escribo, mis huevos literales hacen todo lo contrario de lo que la sociedad espera de ellos. Son lo más parecido a una prejubilación, mis dos testículos (hay gente que los tiene en número distinto). A mis treinta y nueve años, apenas trabajan. Si lo siguen haciendo, será a tiempo parcial. Desde luego, tampoco tengo los ánimos para ponerlos a prueba y comprobar si están fabricando esperma. No me he levantado yo muy policía: señores, ¿siguen ustedes en activo? No, señor policía, estamos hasta los huevos. Ahora en serio, no tengo ganas de masturbarme. Es posible que el mismo interruptor que gradualmente, como un regulador de luz, va apagando las gónadas, también esté desconectando, sin que yo me dé cuenta, la pulsión de complacerme y el mal llamado instinto reproductor.

Hay algo sublime en el engranaje vital que hace que los cambios físicos y psíquicos también se resistan a la maldita distinción entre alma y cuerpo. Incluso en medio de la tristeza injustificada que me envuelve ahora casi a diario, sobre todo al final de la tarde, que es cuando el sol me da escalofríos, me vienen pensamientos variopintos que me ayudan a buscar una razón de ser a sufrimientos que parecen innecesarios.

Pienso, por ejemplo, que en el gran movimiento del mundo se empiezan a producir eventos concretos de malestar sexual y desacuerdos entre algunas personas y su propio cuerpo, no a modo de disforias, como pretenden los guardianes de la normalidad, sino como preguntas que parecen sugerir que el cuerpo no es algo que hayamos conquistado o que nos pertenezca, sino un maravilloso proyecto sin acabar.

Pienso que el curso sinuoso de la historia es necesariamente atropellado por conflictos sociales a raíz de las preferencias afecti-

vas de unos y otros, de desequilibrios familiares que nos hacen descubrir nuevos vínculos, elegir nuestra familia por afinidad, y también tomar las riendas de la forma como nos presentamos, con qué
nombre y con qué ropa, cómo andar y hablar, con qué gestos, con
qué gustos.

Tal vez las elecciones lleguen a quienes tienen que llegar, en
razón de alguna matemática universal y desconocida, de alguna
música de esferas que haga sonar, en algunas personas, la llamada a volverse otras. Entonces lo que soy deja de ser un destino
o una fatalidad para convertirse en libertad, ese juego vital que ningún algoritmo puede predeterminar, que ninguna creencia puede
impedir.

ELLAS NUNCA TIENEN GANAS

En estos términos se me quejaron varios tíos de sus desencuentros sexuales. ¿Y qué sé yo? Encima, algunos buscan la complicidad de alguien que creen que tiene la doble ventaja de ser hombre y no hacerles la competencia. Me da mucho que pensar que otros sepan mejor que yo quién soy, cómo me identifico y qué me atrae, y que todo eso sea inmutable, como el olor a rancio. Me hace pensar, una vez más, que son creencias, pero ¡cuán arraigadas! Pero me hace pensar también en todos los comentarios que hice yo mismo acerca de las mujeres, no despectivos, pero necesariamente sesgados por el hecho de que, si puedo sentirme mujer además de hombre, no he sufrido nunca el estigma de ser leída como tal por la sociedad. Nunca tuve la regla y nunca la tendré, no pienso si me quedaré embarazada —es algo que nunca me preocupó, ni tampoco exponerme a la posibilidad del aborto.

Pienso ahora en todas las veces en que juzgué e incluso reproché a mis amigas u otras mujeres sus oscilantes estados de ánimo, repentinos cambios de humor, salidas de tono, caprichos (no pondré palabras entre comillas, las evito; no asumo cuál es tu género ni me importa, pero asumo que eres lo bastante inteligente y sensible como para seguir leyendo a alguien que deliberadamente intentó suspender el doble privilegio de tener un género creíble y de que ese género sea el que, por tradición, oprime).

Pienso en los amigos que se me quejaron de los mareos de sus novias, de que ellas nunca tienen ganas, y que ellos no entienden de cosas de tías, o que las mujeres las carga el diablo (sí, esto también me lo dijeron). Pienso en el desencuentro permanente de creer que vamos a encontrar algo; y en el desconcierto de pensar que ese algo es único y fue creado para responder a nuestros deseos. Y pienso en los artificios del deseo para hacerse con su objeto, no importa lo que el otro quiera, ni lo que convenga a los demás, ni cuánto pueda uno llegar a perjudicarse a sí mismo. Hablo de cosas que hice y soy consciente del daño que pude llegar a hacerme.

Pero ahora intento convencerme de que mi nueva sensibilidad va a juego con mis muslos nuevos.

Me probé tres tipos de pantalones. Ahora peso setenta y un quilos; hace un mes, pesaba dos más. Pero los muslos están más anchos. Debería haberlo pensado antes. Suerte que guardo unos pantalones bombachos, unos de harem y otros nepalíes, muy anchos, de cuando bailaba y hacía kundalini, con lo que, incluso con más muslo y un poco de mama, no tendré que ir por la vida como una mazorca envasada al vacío, al menos en teoría. Siendo realista, puede que algún día vuelva a lo que me hace daño y querré ponerme prendas que me aprieten, cilicios simbólicos. Ojalá me equivoque.

De momento, cuando no estoy trabajando, pienso ante todo en cuidarme. Y pienso también en qué nos hizo considerar, durante tanto tiempo, el cuidado de uno mismo como algo femenino. ¿Haber asumido que el macho debe ser el depredador, y la hembra la presa? ¿Que el hombre es más fuerte que la mujer? Es posible; y de la selección de esta supuesta diferencia, debidamente exagerada y generalizada, se le asignaría al hombre, al conjunto de todos los hombres considerados aptos, el trabajo físico fuera del hogar, la guerra, y a la mujer, al conjunto de todas las mujeres consideradas aptas, el trabajo manual, las tareas domésticas y el apoyo a la guerra desde el hogar. Ya de pequeño me impactó la imagen de unas mujeres muy patrióticas e hipersexualizadas cantándoles a grupos de soldados estadounidenses como si fueran, ellas mismas, la promesa de un botín sexual. Pero ¿a cuántas mujeres habrían violado ya algunos de esos soldados antes de regresar —vivos o muertos, cuerdos o dementes, con brazos y piernas o sin alguna extremidad— a sus hogares, donde les esperaría, o no, una mujer sonriente y sexualmente sumisa como en los anuncios de cigarrillos, o de detergente, o de betún para zapatos? ¿Y cuántos de aquellos soldados se habrían ya aliviado entre ellos? ¿Y cuántas mujeres no querrían irse a la guerra, aunque fuera como única escapatoria a un hogar esclavizante e insulso, como tantos mancebos se marcharon, sin inquietud teológica de ningún tipo, a llenar órdenes monásticas y seminarios de provincia? Todo por cuidarse o prevenir un mal mayor.

Es en ese espacio intermedio donde me estoy reubicando. Es una tarea diaria, porque cada día me tomo cinco pastillas, y mi cuerpo dimite de la función bioimpuesta de producir testosterona, tan necesaria para la reproducción de la especie como para la preservación de la violencia; y va, en proporción inversa, ordenando la adaptación de mis caderas, de mis muslos, de mi piel, y quizás de lo que pienso y lo que siento, a la función, en mi caso imaginaria y totalmente improductiva, de habilitarme para hospedar a un embrión.

Hay días en que no le veo otro sentido a lo de habernos separado entre mujeres y hombres que el de querer reproducir nuestra especie destructora, con todos los preparativos, placeres e intrigas que eso conlleva; porque extrapolar unos roles de género tan militarmente disciplinados del simple hecho de tener las gónadas más hacia adentro o más hacia afuera solo sirve para perpetuar la función de llenar el mundo de gente, como quien llena un embudo, hasta que la mitad se mueran de hambre, sed, guerras o plagas. Es cruel, innecesario y, sobre todo, profundamente estúpido porque habríamos podido evitarlo.

Mi insignificante contribución para evitarlo es tomar en mi propio cuerpo el desdén que siento por mi especie, recordar que el género se aprende y aprender a olvidarlo, y sin despreciar por un momento lo que padecen tantas mujeres y personas trans o agénero por el mero hecho de serlo —de la desigualdad salarial a la esclavitud, de la broma machista a la vejación pública y la tortura, del acoso al secuestro y la muerte—, mostrarle al hombre que también existo, que mi dignidad sigue intacta como mujer, mujer trans, persona trans, es decir: como persona.

Quiero aprender a querer al hombre y a la mujer que soy para poder respetar a todas las personas que no soy. Incluso o, sobre todo, cuando las deseo.

Parece mentira,
con lo inteligente que eres

Con estas palabras, o parecidas, me intentan desmotivar algunas personas que no me conocen bien. Si me conocieran, sabrían que no soy tan inteligente. Así que les prometo no poner en peligro la poca inteligencia que tengo. O las animo a que solo hagan cosas inteligentes: no hacerse preguntas sobre la vida, no fumar donde pone prohibido, no hacerme caso. No son ejemplos al azar. Que no me hagan caso es pedirles que dejen en paz a los demás. Que disfruten de sus vidas excitantes y me dejen aburrirme tranquilo. Lo de no hacer lo que la ley prohíbe es fácil de entender, sobre todo por personas inteligentes, que saben que existe un solo Dios, una sola verdad y una sola baraja española que es la Heraclio Fournier.

Hacerse preguntas sobre la propia vida, quizás, es mucho pedir. Si se las hicieran, no me sacarían el señuelo de la pulsión de muerte; porque detrás de esa inocente acusación de incompatibilidad entre lo que estoy haciendo y mi inteligencia, se esconde su miedo a las cosas contrarias a la inteligencia dominante; y como lo que estoy haciendo lo perciben como algo sobre mi propio cuerpo, y en esto no van equivocados, creen que estoy haciendo algo potencialmente nocivo, poniendo en riesgo mi integridad, por no decir: haciendo algo contrario a mi naturaleza.

Ahora quiero pedirte, a ti que me estás leyendo, si repruebas el experimento que te estoy narrando, o si lo vas leyendo con aprensión o escepticismo, qué es lo que te hace llegar a estas líneas y no haberme abandonado tras las primeras, cuando te anuncié que decidí hormonarme y ni siquiera estoy disconforme con mi género, ni por supuesto disfórico o enfermo. ¿Quizás, por lo general, te identificas con el género que te dieron al nacer, pero hay algunas cosas que no te encajan, que te sobran? ¿O hay alguna o algunas personas trans, o raras, entre tus amistades, o en tu familia? ¿Tu hermano o hermana, tu hija o hijo, tu padre o madre? ¿Tú mismo, tú misma? ¿O te da morbo mi relato posmoderno, que puede que no sea tan real como parece, o que no lo cuente todo para que puedas imaginarte lo demás? Morbo sexual o morbo de *reality*. Morbo de cualquier tipo. Incluso el morbo etimológico, de morbidez, el que nos empuja hacia la punta del acantilado donde un viento más fuerte nos arrojaría al vacío.

El miedo

Por miedo echamos la vida a perder, y eso que le tenemos tanto apego. El miedo, desde luego, debe ser algo real, teniendo en cuenta la de veces que oigo hablar de peligros. ¿Os habéis fijado en que todo es peligroso? Y si no lo es, más vale que lo parezca, porque vender seguridad es un gran negocio. Esto se nota en muchas cosas, y una de ellas es lo que estoy haciendo. Me preguntan con la mejor intención: ¿No te da miedo? ¿Por qué correr ese riesgo, sin necesidad? Si no quieres ser mujer, ¿por qué le haces daño a tu cuerpo?

No quiero despreciar el cuidado y la preocupación de esas personas, algunas de ellas mis amigas. Pero desde aquí les quiero contestar con una anécdota. Durante una época, tuve una crisis de pareja grave. No fue grave porque discutiéramos mucho o llegáramos a hacernos cosas feas, lo que no sucedió, sino porque, sin darnos cuenta, estábamos revisando nuestra escala de valores, prioridades, expectativas. Cuando haces semejante revisión, y estás en pareja, sabes que algo puede cambiar e incluso dejar de existir... En aquel entonces, debatíamos modelos de pareja con la ayuda de una psicoterapeuta, y explorábamos vías alternativas. Estábamos bien, pero no del todo. Yo necesitaba conocer a más gente, aunque mi ex siguiera siendo una persona central en mi vida. De hecho, conservo un recuerdo muy real y sereno de aquella relación: ni la añoro ni la repudio. Vuelvo a la terapeuta. Tenía un sentido del humor entrañable; le gustaba hacernos preguntas que nos dejaban en blanco. Creo que descolocarnos le resultaba divertido, a la vez que lo manejaba como un recurso terapéutico. Un día nos preguntó por qué nuestro modelo de pareja era mejor que otros, y no supimos qué contestarle. Entonces ella aportó una imagen muy sugerente: una manifestación donde cada persona lleva su pancarta, pero todas con el mismo mensaje: este es mi modelo ¡y es el mejor! La verdad es que, dicho así, no resulta gracioso; me resultó graciosa, eso sí, la imagen que se formó de inmediato en mi cabeza: la de todas aquellas personas que se pasan la vida alardeando de sus logros y de sus compras, de sus decisiones y filias, gente que siempre tiene razón y nunca se equivoca. ¡Ah!, admirable mundo viejo.

Fueron algunas de esas personas las que me soltaron, en ciertas ocasiones, perlas bien conocidas de sabiduria popular: Parece mentira, con lo inteligente que eres, que hagas semejante cosa. Anda, que con los estudios que tienes, ya podrías hacer algo de provecho. Pero a ti ¿cuánto te pagan? Bien hice yo, que me puse a trabajar con quince años y ya no volví más a la escuela. Total, para hacer lo que haces con tu doctorado...

Se llama falta de empatía, analfabetismo cultural o, en su versión más combativa, antiintelectualismo. Hay formas de autoafirmación positivas como el orgullo gay, en respuesta al estigma social sufrido, o la jutzpá, como rechazo de algunos judíos a ser ninguneados, y luego, en las antípodas de la emancipación, nos encontramos con el orgullo paleto, que por desgracia no es minoritario. Que la ignorancia es atrevida ya lo sabemos, pero cuando es la inteligencia la que se atreve, la tachan de arrogancia (dirían academismo si conocieran este bello insulto) porque, no nos engañemos, nuestro mundo sigue estando dominado por el pudor, la estrechez y la envidia, y continuará celebrando la mediocridad y la intranscendencia para que nadie sobresalga más que por su dinero, sus apellidos o sus padrinos, o como objeto sexual.

Por muy inspiradora que pueda ser mi acción, por mucha gente a la que le pueda resultar liberadora, esa es justamente la razón por la que no será aprobada, y por muchos ni siquiera tolerada, menos aún aplaudida. Quienes me conocen bien saben que no necesito hacerlo para destacar. Siempre he destacado: como alumno sobresaliente, como buen profesional, como amigo ausente pero sincero, como artista inasequible pero plagiado..., así que, para mí, transitar por el género es una acción artística, quizás la más importante de todas las que hice, porque en ella se reflejan, en diferido, siete años de formación filosófica, cuatro de procesos creativos, una problemática actualísima, y muchas ansiedades añejas, bien arraigadas, que ya se están volviendo en mi contra.

No importa desmantelar las mafias del género, ni las que trafican con estereotipos ni las que arrojan a personas, muchas de ellas menores, hacia modificaciones corporales irreversibles. Tampoco conviene, por eso, que un niño sepa que puede vestirse de niña y hacerse llamar Susan, y transitar libremente hasta que, si llega el momento, decida, también libremente, optar por lo no transitorio, por lo definitivo, por lo irreversible.

¡Me meo!

Hace hoy un mes que empecé a tomar estradiol además de un inhibidor de testosterona. Me propuse hacerlo durante seis meses y, de momento, puedo decir que no me resulta más molesto vivir en el cuerpo que tengo ahora que en el que tenía hace un mes. A las personas trans que me estéis leyendo, me gustaría preguntaros si también empezasteis a notar tantos cambios tras un mes de hormonación. Los que siento son sutiles, sí, pero no pocos, hasta el punto de no ser capaz de distinguir los efectos secundarios de los primarios.

No he estudiado medicina ni farmacia y no tengo respuesta a esta pregunta, por eso la formularé aquí mismo: ¿no será la diferencia entre efectos secundarios y primarios una diferencia, más bien, entre efectos indeseados y deseados? Si es así, ¿no serán los prospectos que vienen junto a los medicamentos mucho menos objetivos y fiables de lo que creemos? Aún recuerdo cómo se traficaba con anfetaminas en la Facultad de Letras de Lisboa durante la época de exámenes en la universidad. Era un narcotráfico ameno, que nada tenía de delictivo. No había forcejeos, chantaje, violencia, adulteración de la mercancía, especulación, nada. Ni siquiera había camellos porque el objeto de tráfico era legal. Se trataba exclusivamente de ofrecer u obtener al precio de venta en farmacia medicamentos desviados, eso sí, del motivo declarado de prescripción. Me explico. Estábamos a finales de los noventa, puede que fuera el año 1998, estudiábamos hasta tarde en el Ágora, una sala de estudio pública que no recuerdo que cerrara jamás, mientras escuchábamos a Stardust o Destiny's Child con nuestros lectores de CD; en la radio de la asociación estudiantil ya sonaba *The Miseducation of Lauryn Hill*, y pronto estaríamos alucinando con el universo *Matrix*; algunos esperaban el fin del mundo o algo por el estilo, y muchos médicos recetaban Dinintel™, marca registrada de los laboratorios Roussel, para ayudar a personas que querían perder peso. Aunque aparecía descrito como efecto secundario, el insomnio era justamente el efecto deseado por quienes buscaban dicha anfetamina, con o sin receta médica, entre las clases de literatura medieval y las de chino, de las que salíamos eufóricos, despidiéndonos con un *nijau*. Qué bonito es el chino.

No sé qué relación tendrá esto con el estradiol, pero hace unos días, y esto ya me pasó en dos o tres ocasiones, perdí involuntariamente unas gotas de orina. Consulté el prospecto. Entre los efectos adversos poco frecuentes (pueden afectar a una de cada cien usuarias) se encuentra el edema (retención de líquidos). Pero no la incontinencia urinaria. Me temo que algunos de vosotros leáis estas líneas en mi blog o en Facebook, donde lo republico, y me mandéis algún mensaje escueto: Déjalo ya. O también: Esos problemas te los buscas tú. Efectivamente. Si las consecuencias de las decisiones que tomamos libremente son problemas nuestros, me los busqué. Pero entonces mirémonos todos al espejo por tan solo unos instantes, solo el tiempo de pensar qué fue lo que decidimos libremente, y por qué nuestra vida está tan llena de cosas que ya no queremos y que quizás nunca llegamos a utilizar. Y ya que estamos, pensemos en aquellas personas que dicen que están a nuestro lado (cariño, ya sabes dónde encontrarme, llámame cuando quieras, etcétera), siempre a nuestro lado como un abeto de navidad en febrero.

A lo que voy: no pasa nada por perder unas gotitas. Total, como suelo trabajar desde casa, si se me mojan los calzoncillos, me pongo otros (no uso braguitas, prefiero calzoncillos *vintage*, solo de algodón, casi siempre blancos, o eslips dos tallas por debajo de la mía, cuando puedo). En cambio, hay objetos caídos en desuso que quizás valdría la pena rescatar. Me refiero al orinal. El orinal es más útil que la mayoría de las aplicaciones que bajamos en el móvil, pero como tiene que ver con algo casi tabú, como si no meáramos todos y todas, y varias veces al día, no se menciona. ¿Por qué os hablo del orinal? En primer lugar, porque, como ya os comenté, todo lo *vintage* me encanta, y ya pasaron bastantes años por el orinal como para ganarse esa preciada etiqueta. En segundo lugar, porque, como tengo el baño en la planta baja y suelo estar en la de arriba, si tengo ganas de hacer pis, antes que perder gotitas, saco el orinal. Tengo tres, todos de porcelana esmaltada, sencillos. Luego lo vacío y lo lavo por la mañana. Es muy práctico. Antiguamente, muchas mesillas de noche tenían, en la parte inferior, un espacio para guardar el orinal, con puerta y todo. Al parecer, las personas civilizadas deben esconder el pis excepto cuando hacen cola para entregar sus muestras de orina en el centro de salud. Es un momento entrañable. Hay en los rostros de los usuarios una mezcla de inquietud y dignidad ante el acto ritual, en serie, de entregar un poco de su propio pipí. Evidentemente, esto me entretiene y me fascina.

¿Todo esto para convencernos de que usemos orinal?, preguntaréis. No. Os hablo de este efecto no solo por poner un ejemplo de lo que ya no sé si es secundario o primario entre los cambios que estoy experimentando ahora, sino para compartir una breve reflexión que me proporcionaron estas pérdidas de orina. Observo cómo tantas veces estas cosas tan naturales y tan familiares, pero que se ocultan, como el hacer pis, vuelven a aparecer, años más tarde, como fetiches. Es más: ciertas prácticas sexuales que muchos consideran bizarras no son más que un teatro adulto donde se vuelve a representar algún aspecto placentero, o de algún modo especial, pero vivido en secreto, de una infancia que no acabó bien, o que no se disfrutó del todo bien. Esto me hizo pensar que quizás la atracción que ejerce el riesgo (de tomar anfetaminas, hormonarse, mearse encima o cualquier otra práctica que queráis incluir aquí) no es más que un recurso al alcance de nuestro imaginario para completar nuestra infancia como quien, inconscientemente, le pide una segunda oportunidad a su niña o niño interior: para hacer que, esta vez, todo acabe bien. O al menos un poco mejor.

LA LIBERTAD ES UN TODO A CIEN

Creer que la tenemos es gratis, lo que cuesta es fabricar las condiciones para que sea real. Pero hay gente que la vende, y gente dispuesta a comprarla. Hay gente que pregona, proclama, promete libertad. «La verdad os hará libres», habría recordado Jesús de Nazaret a un grupo de hombres que lo seguían. Siendo él mismo judío, ¿de qué libertad les hablaba? «El trabajo libera», reza con siniestra ironía el portal del campo de concentración de Auschwitz.

No me fío de ciertos partidos políticos que se dicen libres o que incluyen libertades varias en sus programas. Desconfío del ideal republicano de la Libertad y del equívoco que convierte en falsos sinónimos la independencia y la libertad. Se habla de independencia y, al instante, cualquiera de cualquier pueblo que desea libertad se sobresalta, se excita. Es normal. Entre una realidad constantemente sujeta a pactos y un engaño sostenible, ¿quién de nosotros no eligió el último más de una vez?

Así es el género. De hecho, se podría escribir una teoría trans de la independencia. Y de la democracia también. Algo así como un largo proceso de transición, largo o infinito. Os lo digo en serio. No digo todo lo que pienso, pero todo lo que digo lo pienso. ¿Qué fue la Transición en España, la Transición democrática? O, mejor dicho, ¿qué es? ¿Cuándo se empezó a transitar de la dictadura hacia la democracia, del nacionalcatolicismo al neoconservadurismo liberal, de Franco a Alaska? Pero quizás la pregunta que todo lo concentra es: ¿hasta cuándo, Señor? Una pregunta así, en la línea del «gracias a Dios, soy ateo», tiene la gracia y la virtud de proyectar la Transición hacia el infinito y más allá, de domesticarla y delegarla en alguien que no está (yo no sé si existe o no, por eso lo dejo en «alguien que no está»).

Otra síntesis posible de nuestra desgracia nos llega directamente de la mano de un místico del siglo XIII, el maestro Eckhart: «Ruego a Dios que me libre de Dios». En esta frase podemos cambiar «Dios» por otras cosas que nos preocupan o hacen compañía, y los resultados son siempre distintos, pero todos sin excepción (al menos los que yo he probado) hacen pensar en la Transición: la de España y la de género. Pongo ejemplos. Ruego a las mujeres que me libren de las mujeres. Ruego a la grasa que me libre de la grasa. Ruego a Aznar que me libre de Aznar. Ruego a los españoles que me libren de los españoles. Ruego a los catalanes que me libren de los catalanes (hay que ser equitativos). Resultados siempre distintos, siempre coloristas. Las frases de los místicos dan mucho de sí.

Pues yo me ruego a la que soy que me libre de mí misma porque sigo igual, igual al que era antes de empezar a hormonarme: distintos dilemas, el mismo darle al coco; distintas quejas, mismo quejiquismo; más nombres, mismísima tendencia a querer ser el Fernando Pessoa de la *performance*, con ochenta y un heterónimos o los que hagan falta. Si quiero ser libre, si quiero poder hablar siempre en nombre propio, aunque me llame (y me llamen) por distintos nombres y de distintas maneras, no puedo estar tan pendiente de utilizar las palabras correctas para hablar de procesos, de cosas tan complejas que difícilmente se pueden valorar desde fuera. Por eso estoy tan contenta de compartir este diario con vosotros: porque, por un lado, creo que solo ciertas personas trans pueden entender

cómo me siento, pero, por otro, también estoy extrañamente convencida —porque somos las de la intuición— de que todas las personas somos trans y de que, como en todo progreso de la humanidad, algunas, muy pocas, ya se dieron cuenta; las demás, todavía
no. Todas las personas que efectivamente hicieron o están haciendo una transición de género con o sin cirugía, con o sin hormonas,
con o sin cambio de nombre, con o sin *performance* social, todas
ellas, por todo lo que nos descubren, por las posibilidades de independencia y autogobierno que nos revelan en sus cuerpos, y por el
conocimiento de que cierta libertad es posible, se merecen, digo yo,
mucho más que un aplauso. Como diría nuestra querida Aretha:
RESPECT!

ESPEJITO, ESPEJITO,
¿HOY ME VES CHICA O CHICO?

Mi espejito me dice que la imagen que me devuelve no es la que tengo yo de mí, ni la que tienen los demás (personas o espejos). Fue allí, delante del gran espejo tras la puerta del armario ropero de mis padres, donde aprendí a sonreírme, ensayé mis primeras muecas e imaginé cómo sería verme desde fuera. Fue delante de aquel espejo vertical, alargado, al que llamamos «de cuerpo entero», donde aprendí a quererme y a no quererme según los días y las partes del cuerpo. ¿Verdad que unos días nos gustamos más que otros? Lo pregunto porque hay días que me veo más pálida, y al día siguiente me veo moreno. Sí, *moreno*, porque quizás un cambio de tez y de estado de ánimo basta para cambiar mi mirada y hacer que me sienta sutilmente más masculino.

Insisto en que se trata de sensaciones sutiles, de esas que nos enseñaron a ignorar y reprimir, pero que, si las reconocemos y disponemos libremente de ellas, nos regalan una singularidad llena de matices que se va contagiando a nuestro criterio estético. Cuando nos lo permitimos, y dejamos de ponernos esos límites tan innecesarios, empezamos a descubrir en las demás personas un surtido de belleza que antes se nos escapaba completamente; los cánones se nos empiezan a revelar extraños, y las prescripciones de adelgazantes y antiarrugas, una injerencia en nuestros cuerpos. Entonces, pero solo entonces, nos damos cuenta de cuánto de nuestras vidas entregamos en manos de la impostura del *fitness* y la cirugía estética, de la búsqueda de ciertas proporciones, de la eterna juventud. No nos sobornan para hacerlo; nosotros acudimos y pagamos de nuestro bolsillo. Trabajamos para costear otras esclavitudes. Sumisión a cambio de más sumisión.

Por eso, cuanto más nos alejamos de las pantallas y volvemos a querernos en el espejo, sin estar tan pendientes de lo que pasa en el mundo sin volumen ni calidez de las redes sociales, más se resquebraja ese mundo arcaico de proporciones áureas, cuerpos atléticos, humanos sin vello, máquinas deseantes pero productivas. Y el género y la raza, que religiones, empresas y Estados reproducen en las leyes y las lenguas, en documentos de identidad, en privilegios y estigmas, no son sino espejismos: imágenes falsas en espejos que no reflejan a ninguna persona real, sino tan solo creencias sin correlato. Fantasías de dominación, pero no sexuales. O también.

Espejito, espejito, en verdad no soy chica ni chico. ¿Seremos ángeles caídos?

Delante de otros espejos decidí besarme, aprendí a afeitarme y empecé a maquillarme, y a desmaquillarme también. La imagen en el espejo es como ninguna otra. Para mí, es un tesoro, una sanación. A veces me veo horrible en fotos o vídeos, y me refugio en el recato de un espejo, me quedo a solas conmigo. Ese cristal me apacigua, me acaricia. Sin embargo, no me enamoro del espejo. El error de Narciso fue no poner en duda, ni por un instante, su creencia; fue no dudar de que ese otro existiera. Si cometí algún error, fue el opuesto: creí más en personas-espejo que me distorsionaban y se reían de mí por mi físico que en la imagen sublime que el espejo me daba. Hoy intento valorar mi imagen con una medida: cuidarme a mí, no vivir para ella.

Pero no hay bien que dure cien años. Hace unos días, empezaron a sucederse pequeños acontecimientos sonoros, microdesastres audibles desde el silencio de mi cuerpo. Todo empezó precisamente cuando, sin atender a la presencia de un espejo, me miré de reojo y vi, atónito, a una amiga a la que siempre conocí con el pelo rizado, tal como lo llevo yo ahora. Deduje que, si puedo ver a otros en mí, en virtud de mis propios cambios, podré llegar a verme totalmente distinto, e incluso que me haga falta un retrato a lo Dorian Gray, que me sirva de alerta para mi envejecimiento ineludible y hasta para mi decadencia moral.

Ayer por la noche, cual metamorfosis kafkiana, soñé que me despertaba con cara de cerdo. No era el rostro exacto de un cerdo, sino mi rostro intervenido quirúrgicamente para asemejarse al de un cerdo. Al despertarme del sueño, quise prestarle un sentido mientras molía el café (necesité ruido exterior para encontrar silencio en mi interior), pero lo único que encontré fue la relación con la imagen ilusoria de mi amiga en el espejo (ambas son, respecto de mi propia imagen, una desfiguración). Enseguida pensé que quizás me castigo en sueños por creerme muchas veces impuro. Y finalmente, pero sin llegar a ninguna conclusión, pensé que los sueños no se ocupan de castigos sino de deseos. ¿Querré entonces ser impuro? ¿O tengo miedo de que en algún momento de la transición no haya retorno posible y me quede desfigurado?

Eso me hizo pensar también en el envejecimiento y las enfermedades como una especie de castigo humano, al margen de toda ley religiosa. Quizás, entonces, incluso el cambio de sexo, expresión muy desusada, o cambio de cuerpo, no sea una maldición ni un pecado —a diferencia de lo que sugieren religiones como el budismo, que no permite monjes travestidos ni transexuales por considerar que están dominados por la lujuria—, sino una bendición, porque al cambiar de cuerpo, ya sea hormonándome, o modificando mi forma de alimentarme o de arreglarme, retomo un intento primordial de participar en la recreación de mí mismo, desafiando no a Dios, sino a una idea traumática, mezquina y demasiado humana de Dios. Para dejarlo todo como estaba, ¿de qué serviría habernos creado?

GRACIAS POR DECIR ALGO
QUE APENAS ME ATREVÍ A PENSAR

Así termina uno de los mensajes que recibí esta última semana, tras publicar uno de estos textos. Me lo envió un chico con el que coincidí un par de veces en el teatro y en alguna fiesta particular. No tiene relación directa con el mundillo artístico, pero sí una curiosidad entrañable por personas que tenemos estilos de vida distintos al suyo. Nos presentó una amiga común en esa fiesta, precisamente. Desde entonces, mantuvimos el contacto suelto y borroso que proporcionan las mal llamadas redes sociales, a las que prefiero denominar escaparates, puesto que allí nos comportamos como pongos. Ese chico vino a decirme que se siente hombre y nunca se planteó ser mujer, ni siquiera trans (son sus palabras casi textuales), pero que tiene muchos amigos gays y lesbianas (el solapamiento entre identidad de género y orientación del deseo es muy habitual) y aunque puede estar con otros tíos (heterosexuales, se entiende), hay muchas cosas de tío que no le interesan, y le angustia perder tiempo en ellas (me llamó la atención que desplazara su malestar hacia un sentimiento de estar desaprovechando la vida cuando se aleja de la gente que siente como afín). Así que, concluía, le resulta esperanzador que un hombre que tampoco es trans (así es como me lee él, y seguramente casi todo el mundo) esté haciendo algo para agitar conciencias (insisto, son sus términos) y normalizar zonas grises donde, por ejemplo, un hombre no tiene que hacer solo cosas de hombre, y quizás esa división sea artificial.

Un gran bravo anónimo a este chico que está en el buen camino para quitarse de encima unos cuantos complejos y otras creencias limitadoras.

Soy un sibarita de personas. Prefiero aquellas que leen. Por eso vosotras que me estáis leyendo ya me empezasteis a caer bien por el mero hecho de leer. Para leer un libro (me refiero a los de papel, mis preferidos), hay que abrirlo y abrirnos. La apertura física del libro es una metáfora de nuestra propia disposición a la escucha. Se crea un ámbito seguro donde entrar en contacto con la palabra de otros; y un pretexto para ampliar nuestro imaginario y revisar nuestras creencias, lo cual quiere decir acercarlas a un lugar que resulte más enriquecedor o reforzar sus bases con nuevos argumentos. Tener muchos lectores es bueno, pero es mejor que sean buenos. Para mí, un buen lector es una persona audaz, que diversifica sus lecturas como quien viaja por lugares distintos, sin miedo a alejarse demasiado de su centro; que no teme encontrarse con ideas que no son las suyas y dialogar con ellas.

La lectura es una escuela de desarrollo, y va siendo hora de quitar esta palabra de las garras del discurso económico y las escuelas de negocios. Desarrollarse es descubrir que las personas somos densas y profundas, que llegamos al mundo sumergidas en capas y capas simbólicas. Unas enriquecen nuestras vidas, les dan textura y horizontes adonde dirigir la mirada y nuestro aliento, otras nos frenan y dividen. El género, la raza, la religión e incluso la nacionalidad forman parte de ambos grupos porque los rasgos ideológicos que conforman nuestras identidades conspiran para mantener un equilibro frágil entre interés y aversión, hospitalidad y xenofobia, creatividad y consumismo, es decir, entre prestarle sentido a la vida y olvidarse de que es prestado. Por eso, antes de seguir, os quiero dar las gracias a vosotras también, personas que me leéis, algunas que comentáis lo que escribo, otras que me escribís o llamáis, algunas que se pusieron a escribir sus diarios o apuntes. ¿Qué os voy a decir? Eso es un regalo, para vosotros mismos y para mí, sobre todo en un momento como este.

No es un momento delicado porque me esté hormonando, sino porque no me estoy hormonando para ser mujer. Un poco como el chico que me escribió, tampoco quiero ser mujer ni me siento tal lo suficiente como para convertir la transición en un viaje con destino predeterminado. Si quisiera serlo, supongo que estaría feliz por sentirme más cerca de algo deseado. Al no ser así, no conozco la alegría ni la sensación de libertad que me imagino que pueden experimentar las personas que se acercan a ese destino anhelado, con la ayuda de hormonas y todo lo que conllevan, incluso con intervenciones quirúrgicas a un cuerpo que sienten más suyo, más sincero, deseado.

Ese cuerpo deseado no está a mi alcance: yo confundí deliberadamente mi cuerpo con mi deseo, y como un deseo que nunca se satisface plenamente, mi cuerpo tampoco se realizará jamás del todo.

No tengo una alegría en la que apoyar mis llantos, ni un sentimiento de liberación que me guíe en lo que estoy haciendo. Pero no me compadezcáis: yo ya tengo lo que quiero. Me explico.

Llevo años dedicándome al arte de acción, también llamado *performance* o *happening*. A los artistas de acción se nos suele llamar *performers*. El proceso que estoy llevando a cabo es una *performance* porque obedece a un proyecto artístico, está soportado por un discurso conceptual, tiene lugar en un marco temporal fluido pero con tiempos determinados, conlleva una producción artística y cuenta con testigos, que son las personas que me acompañan y, mediante estos diarios, quienes me estáis leyendo.

Un día, después de hacer una *performance*, alguien me preguntó si yo no debería estar cachas, musculoso, para hacer *performances*. Esa pregunta no me descolocó porque el arte es un lenguaje, o varios, que cuanto más se conoce, mejor se disfruta. Entendí que la persona en cuestión quizás hubiera disfrutado más viendo un espectáculo con un hombre musculoso que presenciando una acción artística cuyo lenguaje, por supuesto, desconocía. Pero no le dije que, entre otras razones, lo hacía precisamente porque el cuerpo es parte de mi lenguaje, que a su vez no está sometido a ningún tipo de expectativa cultural (o culturista). Mi respuesta fue un tanto mezquina: sabiendo que conocía a X, un chaval obsesionado con su apariencia física que había decidido dedicar su tiempo libre, cuando no trabajaba en su agencia publicitaria, a hacer *performances*, le contesté con una sonrisa condescendiente que, si le gustaban los cachas, esa noche exponían a X en la galería Z.

Es cierto que la *performance*, muy en boga en los años sesenta y setenta, volvió a comienzos de los 2000, formó una burbuja de sensacionalismo y llegó a convertirse en sinónimo de bizarría o postureo. Quedó así neutralizado, como convenía, su potencial de cuestionamiento e inspiración. Muchos de esos ex *performers* son ahora *influencers*, cocineros veganos, o vegetales, sin más. Solo quedamos los que hacemos *performances* como autoconocimiento, y de eso trata este diario, de saber quiénes queremos ser y qué podemos hacer con ello.

Tengo un cuerpo de *performer* con cicatrices y deformaciones, contracturas crónicas, canas y arrugas. Y ahora, con más grasa en las caderas y en el pubis, los testículos un poco más pequeños, el pecho ligeramente más..., más no sé qué, la piel un poco más fina y el esperma igual que un secano.

Hablando de esto, hace unos días me obligué a masturbarme. Y bueno, mi libido huyó hacia un país lejano. Me enteré de que el inhibidor de testosterona que me estoy tomando es el que les dan a los violadores, para que os hagáis una idea. Pero como la *performance* de Hannah está estructurada como una investigación científica, si hay un problema se procede a una observación, y si se formula una hipótesis habrá que verificarla. Fue por eso por lo que me masturbé, porque no es algo que se me ocurra hacer sin ganas. Me di cuenta una vez más de esto tan obvio, de que todo es mucho más difícil sin deseo. Fue como si estallara el barniz de lo natural y ese acto banal de autosatisfacción del que poca gente habla, aunque lo haga, se mostrara, por fin, en todo su esplendor de espontaneidad improductiva. Efectivamente, mi semen es ahora casi inexistente, y cristalino. Soy una persona con testículos inservibles. Estéril como hombre y como mujer. Y no lo llevo mal.

Adiós, pueblo

A los cuarenta días de hormonarme, tuve que tomar una decisión para estar mejor. Pero antes, quiero puntualizar. No quisiera que os sintierais tan incómodos. Me demostráis vuestro reparo, me exponéis vuestra preocupación como si yo fuera un pariente cercano. Respeto vuestro interés, que sé cuándo es sincero. El tiempo que dedico a escribir es un tiempo de entreno: me fortalezco en la espera de qué pasará ante el duelo de quien fui, y disfruto de este proceso como de aquel film-viaje-terapia de Chantal Akerman, *From the East*. Procuro no hablar solo del experimento clínico y social que estoy haciendo, sino también de otros temas o problemas existenciales, porque el género no es una seta silvestre que se pueda separar de ellos y porque lo existencial es lo que os une a mí. Un problema existencial es un problema de humanidad que se plantea, en cada humano, según la combinatoria única de rasgos particulares que resulta en su ser singular. Hablar de esto no es esquivar vuestras preguntas o críticas; es desplegar una gran alfombra donde hay muchos más dibujos y formas para entender lo que estoy haciendo —y sí, como decís, lo que *me* estoy haciendo.

Probablemente yo sea la primera persona conforme al género asignado al nacer que decide pasarse a otro lado, al menos parcialmente —hacia el abandono del género que tuve hasta hace poco—. Fijaos en que no os hablo de ir hacia *el otro género*: al tratamiento lo llaman feminizante porque yo, biológicamente macho, me administro una hormona específica de cuerpos biológicamente hembra. Al hacerlo, sustituyo una parte de la química que me proporciona rasgos asociados al sexo masculino por otra que es más característica del sexo femenino.

Vuestras preocupaciones se merecen más que mi respeto y mi tiempo; pero hay algo que no puedo daros. Puedo tranquilizaros hablándoos de mi buena vida, pero no dejando de hacer esto. Si lo dejo, será por mí, no para ahorraros vuestra preocupación, que es cosa vuestra. Os ruego que no la proyectéis en mí. No os puedo tranquilizar más que asegurándoos que voy a los médicos, me hago las revisiones clínicas, sigo una dieta estupenda, duermo bien, sonrío más de lo que lloro, no hago deporte, pero tampoco tengo coche, así que camino muchísimo, y a menudo me levanto antes de que salga el sol para ir a arrancar hierba fresca para las gallinas, y a falta de libido me entretengo cuidando de mi casa, mi casa en el pueblo, donde la vida es sencilla y adorable. O más bien lo fue.

La sustitución hormonal es más que un juego de quita y pon. Hannah no es un personaje. Tampoco es un capricho. Ninguna de mis *performances* lo fue. Los demás pueden decir misa, pero de mis obras hablo yo. Si un crítico de arte quiere especular, que lo haga sobre un valor cuantificable. Mis acciones no están a la venta. El mercado del arte me enseñó que lo verdadero no tiene valor, ni en el arte, ni en la política, ni siquiera en el amor (y si no, pensad qué significa seducir).

Por eso, porque la verdad carece de valor, tengo que hacer dos cosas: por un lado, hablar de ella y demostrar el valor que creo que tiene; por otro, abdicar de una parte del tiempo que dedico a mis acciones para volcarme en actividades (que no acciones) socialmente reconocidas y valoradas, y económicamente retribuidas. Así pues, además de poner voz a anuncios publicitarios, dar clases, redactar para empresas y redes sociales, traducir poesía, ficción o manuales de instrucciones, también trabajaré en una empresa que me pagará un sueldo por un horario fijo.

La noticia, para quienes me conocéis desde hace tiempo, es que, tras una pausa de cuatro o cinco años, vuelvo a hacerme asalariado. Sin embargo, lo que me pregunto es: ¿cuánto habrá influido la nueva hormona en mi disposición a buscar ese tipo de trabajo? ¿Hasta qué punto mi nivel normal de testosterona (léase: el nivel que es normal para mí) pudo apoyar mi resistencia a trabajar por cuenta de otro? ¿Qué proporción de mi química me permitió venirme a este pueblo, hace casi tres años, en pleno invierno, y decidir quedarme y comprarme una casa para mí solo, pese a ser un *performer* con el pelo azul en un pueblo envejecido del Aragón profundo, dividido, como dicen sus habitantes, entre rojos y fachas?

Cuando estuve aquí por primera vez era el mes de enero. Quince días de residencia artística con mi amiga Laura Batllori —que dio alas a la *Fedra* de Iannis Ritsos y la convirtió en una maravillosa obra de teatro de objetos— bastaron para vivir un carrusel de emociones (un carrusel, no una montaña rusa; mis altibajos son más bien círculos emocionales que cabalgo entre lucecitas, unas que alumbran, otras que distraen, otras que deslumbran). Dije que volvería pronto. Supongo que no me hicieron caso. Al poco tiempo, volví. Busqué una casita y me la compré. Allí pasé un invierno, pasé dos. Antes de que empiece el tercer invierno, me habré ido del pueblo.

Un pueblo del que me voy porque, no teniendo mucho más que para comer, es hora de buscarme la vida, por segunda vez, en Barcelona; un pueblo donde la gente no es tan buena como la pintan los neorrurales de ciudad, donde te sonríen los mismos que te difaman, y no poco (hice alguna amistad de por vida, eso sí); un pueblo con un alcalde médico de oficio que falsificó la firma de tres ancianas de una residencia para quedarse con su dinero, sin que al pueblo le dé vergüenza volver a votar a un corrupto. Un pueblo donde lo mejor es estar solo, o irse. Siempre recordaré sus pinos.

No quiero ser mujer

Lo repetiré hasta que quede claro: no me siento mujer, no quiero ser mujer, y no haré «cosas de mujer» (¿en serio?) para ser más femenina.

Hannah es un nombre femenino, tal como: historia, masculinidad, paradoja, insensatez; y es un nombre propio, como cualquiera de los nombres que tenemos y los nombres de propiedad. Por eso hablamos de nombres de marca. Yo quiero ser una marca. Esa marca es Hannah y su objeto social es una corporación, una empresa que dará cuerpo a un nuevo yo. Es hacia ahí donde voy.

No soy transexual, no estoy haciendo el tránsito hacia mujer, y solo soy transgénero en la medida en que los dos géneros establecidos son un sofisma que solo funciona en un mundo de fantasía binaria: yin-yang, hembra-macho, homosexual-heterosexual, oriente-occidente, no-sí. El binarismo es el género en blanco y negro, un programa donde todo debe funcionar como un interruptor, entre un modo u otro. No hay tercera vía, no hay claroscuro, no hay matices. Fuera del binarismo, la vida es a todo color. Las cosas pueden ser y no ser. Las personas podemos ser esto y aquello, y también lo otro. El lenguaje deja de ser gramaticalmente correcto y pasa a ser poéticamente preciso.

En un mundo trans, en un mundo que transita, la diversidad se vive sin miedo; la sexualidad se experimenta sin miedo; en ese mundo, lo que da miedo es la gente que dice estar en posesión de la verdad, a la que responde toda la que no sabe cuestionarla. Ya lo decía mi madre: medio mundo engaña a la otra mitad.

Si desconfiáis del pensamiento único, de las verdades absolutas, si acudís a varias fuentes de información de diversos países y las comparáis, echad un vistazo a vuestro entorno desde la óptica del interruptor. Si veis a alguien que no sepáis ubicar en una de las dos únicas casillas del binarismo, aunque lo intentéis, quizás vuestra mirada esté lo suficientemente liberada para no encasillar a las personas por su género, o quizás se trate de alguien bastante liberado del sistema binario que se mueve en un registro que trasciende esa disyuntiva. También podemos observarnos a nosotros mismos desde la óptica del interruptor. Quizás nos guste la norma o simplemente estemos a gusto con una de las dos opciones y disfrutemos buscando la adhesión perfecta, intentando cada día encajar más y mejor con un estereotipo de género. Eso sí, además de conformarnos a la norma, hay otro precio a pagar y es que, como el mundo está lleno de aspirantes a modelo, *socialite* o *influencer*, invariablemente atractivos, jóvenes y exitosos, la competencia es tan feroz que no basta con vender el alma al diablo, como Fausto. Hay que hipotecar alma, cuerpo, salud, trabajo, amor, dignidad, libertad, el rostro mismo. Llegar a parecerse tanto a un ideal que para ello es preciso dejar de ser alguien.

No quiero ser mujer ni hombre tampoco; no pretendo representar a nadie, pero, si eso le puede servir a alguien, no me importa representar una posibilidad, una hipótesis, una quimera. Controlar la testosterona como quien controla el colesterol ya me sirvió para representar, para mí mismo, una forma de ser hombre menos estereotipada, menos condicionada por lo que me dijeron que tenía que ser, menos pendiente de no ser como una mujer o de no hacer cosas de mujeres. En definitiva: una forma de ser siendo, sin llegar nunca.

Subrayar las frases más importantes

Teoría, teoría, y más teoría. ¡Cuánto me ayudó la teoría a descartar lo que no me valía! Cuando hay que leer cientos de libros y artículos con una finalidad concreta como es escribir una tesis, hay que aprender a subrayar, aunque no lo hayan enseñado. Solo subrayo libros que son míos, aunque me encontré muchos en bibliotecas que estaban subrayados, normalmente a lápiz o carboncillo, pero a veces con bolígrafo e incluso con rotulador... ¿Os imagináis subrayando a alguien con un rotulador mientras habla? ¿O hacerle un tatuaje sin su consentimiento? Con un lápiz puede resultar gracioso, hasta entrañable, si hay confianza. Lo mismo pasa con los libros. Solo tengo confianza suficiente en los míos, y si los subrayo es con un lápiz.

El subrayado es una forma de escritura, y el libro, un cuerpo. Puede que ese fuera el motivo de sentirme tan acompañado a lo largo de mis jornadas de diez, doce o catorce horas en la biblioteca, rodeado de libros y silencio. Ya entonces, sumergido en lo mental, echaba de menos el cuerpo, y encontraba consuelo en todos esos cuerpos callados que, una vez abiertos, empezaban a hablar en sus distintos lenguajes.

Hay personas que cuanto más subrayan, más quieren subrayar. No pueden parar. Pero si uno elige quedarse con casi todo, porque todo lo ve importante por igual, al final no se le queda nada. Si uno subraya poco, cuando vuelva a ese libro encontrará fácilmente lo que le pareció de veras importante. Si subraya demasiado, tendrá que volver a leerlo. Así que en los libros de estudio, como en la comida, un cierto ayuno nunca viene mal. Leerlo todo, sí, pero como quien se despide de las palabras para que solo queden las que de verdad seguirán vivas.

Hace unos años, en la universidad, me tuve que tragar la desidia y la deshonestidad intelectual de algunos profesores, entre los que había algún destacado fascista, de esos que cuentan con malicia la anécdota de Heidegger y Husserl. Edmund Husserl, judío, primer gran formulador de la fenomenología, tras ser nombrado profesor emérito de la universidad de Friburgo, fue alejado del cargo y desechado por la institución a la que durante años había servido. ¿Por qué se lo habían hecho? Porque Alemania estaba ya bajo dominio nazi. ¿Y quién habría sido el artífice de las leyes raciales que se aplicaron en aquella universidad? Martin Heidegger, quien había sido su discípulo.

Pese al esfuerzo que varios biógrafos hicieron por relativizarlo, al igual que otros revisionistas rebajan el número de víctimas del Holocausto, llegando incluso a negar que haya ocurrido, el hecho de que Heidegger fuera, ante todo, un filósofo al servicio de ideas totalitarias, nacionalistas y racistas disfrazadas de humanismo, pero indudablemente favorables al Tercer Reich, era algo que no se podía decir en la universidad. Hoy día ya no lo sé. Pero durante esos años, Heidegger fue como un libro en el que yo no podía subrayar lo que quería porque la mano siniestra de un verdugo me observaba en todo instante. Era como si en cada uno de los dedos de esa mano imaginaria hubiera un ojo despierto y terrible, ávido de censura. Por eso yo, becado e hijo de una familia mucho más humilde que las de los fascistas pudientes a los que siguen invitando a toda clase de tribunas y tertulias, yo, forzado al exilio de mí mismo por siglos de herencia marrana e inmigrante en búsqueda de asilo por mi orientación sexual, me tuve que dejar subrayar por mis censores como quien es manoseado por un amo. Mis monográficos y demás trabajos académicos no pudieron ser lo que yo hubiera querido, aunque se encuentre allí, como en lenguaje cifrado, mucho de lo que hoy me permite no ser *el sujeto ideal del totalitarismo*, como escribió Hannah Arendt, es decir, carne de cañón de la posverdad, alguien *para quien la distinción entre los hechos y la ficción, entre lo verdadero y lo falso, no existe.*

Efectivamente, sin que yo mismo pudiera intuir que años más tarde seguiría investigándome a través del psicoanálisis, y luego del teatro y la danza hasta llegar a la *performance*, ya inscribía en la elección de mis temáticas y abordajes las inquietudes que me trajeron al lugar presente. Por ejemplo, en un trabajo final de seminario quise presentar elementos de primitivismo en la obra del francés Yves Klein, conocido por sus monocromos azules, y acabé disertando sobre el colorante cobalto que, antes de un *vernissage*, hizo introducir en la bebida, el cual tiñó de azul la orina de los participantes. En otra ocasión, tras vencer alguna resistencia, compartí fotografías de David Nebreda y cuestioné el rechazo rotundo de la crítica hacia su arte extremo, una escalera sublime de despojo y aniquilación que culminó con su repetida muerte simbólica.

Ya nadie se acordará de esos monográficos ni de mi tesis, aunque el subrayado a rojo sangre que me hicieron, el miedo al Índex y a la hoguera académica, todo eso quedó y se transformó en una parte de mi cuerpo. Por suerte, con los años he podido ver cómo el infortunio se cierne sobre mis antiguos inquisidores. El otro día coincidí con uno de ellos en un evento. No pudo siquiera mirarme a la cara. Tenía el mismo rostro de impostora, de aristócrata venida a menos, pero ahora, al asustarle mi semblante feliz, con mi expresión ambigua y radiante, ajena a la pantomima de ser hombre o mujer, quizás se vio distorsionada en el espejo de mi paz de espíritu, y pude apreciar y complacerme en la visión de su deterioro.

La justicia es bella si vivimos para atestiguarla. No creo en segundas partes.

Dos de Androcur®, tres de Climen®

Hoy, por primera vez, siento que las hormonas me están segregando: no sé si de la realidad, o de ciertas personas, o de quien era hace dos meses, o de quien podría ser ahora si no hubiera empezado esto. La sustitución hormonal me está obligando a retroceder un paso, como un peatón que cruza la calle sin mirar el semáforo justo antes de que aparezca un coche y le haga apartarse casi como un acto reflejo de supervivencia, pero en cámara lenta.

Sé que no es una imagen fácil, pero es la única que se me ocurre para describir lo súbito en ralentí, lo instantáneo duradero, el echarle a la leche hirviendo dos cucharas de café soluble y ver que, mientras se disuelve, que es en un abrir y cerrar de ojos, el tiempo se detiene como si todo el esfuerzo del mundo para llegar a existir estuviera contenido en ese instante, en esa transmutación.

Observo a los demás con miedo a que me estén juzgando. Escucho lo que me dicen con las manos llenas de prejuicios: ¿querrán decir exactamente lo que están diciendo? Empiezo a tener la sensación de que algunos amigos ya no me quieren como antes, que tienen miedo de que yo no lo pare a tiempo y me convierta en un ser raro, entre hombre y mujer, a medias. Quizás debo aceptar la transfobia de esos amigos, o que ya no son tan amigos como antes, o que por momentos estoy perdiendo el uso de la razón. En cambio, estoy conociendo a gente nueva, gente verdaderamente desconocida, distinta a la que había conocido hasta ahora, que me estimula sin hacer nada por ello, gente que me atrae sin seducirme.

Veo su belleza. Estoy enamorado de alguien y sé que mañana quizás ya no lo estaré. Hacía años que no me enamoraba así, con ligereza y sin consecuencia, pero cuando los amigos se te caen de las manos como arena fina y seca, cuando parece que todo se mueve a tu alrededor, pero eres tú el que no ha parado un solo instante, enamorarte es una cuestión de vida o náusea, es un refugio más cálido que cualquier sesión de cine, es el engaño del me quiere, no me quiere. Pienso en sus ojos varias veces al día, y su mirada y sus besos me acompañan en momentos como este, de una tristeza y una angustia que nadie ve.

Dos de Androcur®, tres de Climen®. Mi pecho es un tambor: el corazón salvaje, sin modales, me saca un llanto limpio sin pedir permiso. Me llevo la mano al pecho, me toco como quien busca un cáncer, y en efecto encuentro un bulto pequeño que no es más que el prenuncio de un pecho más pronunciado. Me lo toco con prudencia, enfermera de mí misma, voy en metro, nadie se da cuenta, pero yo sí: estoy embarazado de alguien que no conozco aún. El miedo me abraza como un chaleco salvavidas, ese miedo que es un pájaro enorme que nos separa del abismo, como cuando cruzamos la calle sin mirar el semáforo; o como cuando nos entran ganas de prendernos fuego en pasiones adictivas y rompernos en miles de puntos de hollín para que nadie, ni el fuego, nos quite jamás el poder de ser los únicos que sabemos descifrarnos.

No sé cómo poner orden en cosas que me resultan caóticas y simultáneas. Escribir no da cuenta de la realidad, y sin embargo no puedo dejar de intentarlo. Al hacerlo, sé que lo desordenado encuentra un lugar y que las cosas que van sucediendo, así dispuestas, pueden servirles a otros como modelos experimentales para comprender sus propias experiencias, o como inspiración a quienes se animen a sobrevolar las tierras tristes de los hombres y las mujeres.

Hoy me duele el hombro derecho, mucho, sin haber hecho ningún esfuerzo. Llevo la maleta cargada a Barcelona, pero tiene ruedas y los trayectos a pie son cortos. Tampoco levanto pesos, así que lo atribuyo al inhibidor de testosterona. La fuerza se me va. Ya no es la misma de hace dos meses. Unas tenazas sin rostro arrancan mis músculos con saña, y yo no puedo verlas, pero las siento llevando lejos ese semblante de masculinidad. Como de la muerte de un ser querido, me veo obligado por mí mismo a despedirme de algo que creía mío. Tengo la suerte de poder elegir. Mi camino no es el de una drogadicción. Cada día elijo tomarme dos pastillas de Androcur® y tres de Climen®. Eso es: cinco pastillas al día que para algunos de vosotros no serán nada y para otros, una barbaridad. No os asustéis: yo también veo cosas que me parecen una barbaridad, aunque sé que es cosa mía y de mis prejuicios, y me callo por deferencia al riesgo ajeno.

Cada uno con sus riesgos. Y cada riesgo con sus límites.

Hace unos años, cuando escribía artículos sobre sexualidad, política y otras varietés, me ocupó por un tiempo el tema BDSM, que voy a abreviar como lo relacionado con el placer sexual de causar o recibir dolor, o de estar en posición de someter o someterse sexualmente, siempre de mutuo acuerdo. La libido, cual bella durmiente, se me despertó. Otra vez. No la besó ningún príncipe porque los príncipes, naturalmente, no existen. Pero sonó la alarma del dolor. El dolor en el hombro, mucho más fuerte que el dolor en la rodilla de hace unos días, y mucho más molesto que los problemas de circulación hace un mes, me debe de estar sometiendo no solo al dolor, conscientemente, sino, inconscientemente, a ese imperio de los sentidos que son los juegos sexuales de poder.

Hasta me cuesta escribirlo. Si me habéis visto hacer *performances* en directo, o incluso en vídeo, sabéis que no soy especialmente vergonzoso con respecto a mi cuerpo. Pero, a diferencia de lo que pueda parecer, en el directo que la *performance* nos ofrece, a vosotros y a mí, puedo alimentarme de vuestras miradas y la alquimia única de la acción hace el resto. Y quienes lo vivimos sabemos que es mágico y quisiéramos poseerlo. Pero no es así. Es la acción la que nos toma por asalto. Y eso es más que mágico: es verdadero.

Ahora mi hombro es la acción: la acción de ser arrancado y triturado por un sádico que me aleja de mi compostura, de las reglas de la buena educación, de la ley del decoro. Y el deseo, quizás para paliar ese dolor impúdico, me empuja a ver, como en delirio, tras las tenazas que me desgarran la carne, el brazo firme de un amo bello y letal...

... O PEOR

Una de dos: o bajo la dosis, o la dosis me desgarrará. Hay una tercera vía: apagar fluidos. El Androcur® ya borró mi esperma del mapa; ¿quizás un diazepam me borre las lágrimas? Y así un día el semen, el otro el llanto, y poco a poco se extinguirán mis excrementos más nobles. Esta tarde estuve tres horas llorando en la cama, incapaz de detenerme, sin ganas de desahogarme con nadie. Cuando parecía haber llegado al final, un sollozo parecía poseerme y me volvía a ahogar los ojos en un mar negro de lágrimas. Tres horas de llanto es mucho llanto. La hiel se expande por los pulmones, cada inhalación se vuelve más tóxica, el aire se hace amargo y pronto la habitación se llena de un torpor enfermizo, de hospital. Esto nunca me había pasado. No tanto, no así.

¿Dónde estarán mis hermanos? ¿Dónde están los hermanos que no saben que lo son para mí? Alguno, al sospecharlo, no quiso estar tan cerca; huyó. ¿Quién querría ser parte de mi familia? Yo ya somos tantos...

Al ver el unicornio de peluche colgando del armario ropero, casi como un ahorcado —un regalo de Missi, de aquellos tiempos en que compartíamos un cruasán de chocolate y otro de sobrasada para desayunar en la desaparecida pastelería Figuls—, me acordé del sueño en que un hombre taladraba su propia cabeza, la agujereaba y se caía de una escalera de hormigón. Me desperté. De esto hace unos dos días, puede que sean tres. Tengo dificultad para contarlos.

Sé que tras esa especie de pesadilla soñé con el brazo del amo, el que me arranca el hombro en mis fantasías para amenizar el dolor, porque me duele menos que alguien me haga daño que sentir un dolor sin causa conocida. Mucha gente prefiere lo malo conocido a lo desconocido; y así atribuyen problemas sociales como el paro, la inseguridad y el fracaso escolar a enemigos inexistentes o insignificantes en lugar de asumir que no quieren, con razón, someterse a las condiciones laborales de hace un siglo; que al comprar lo más barato sin tener en cuenta la cadena de explotación que supone, se empuja la producción, la basura y los conflictos hacia países de los que, a su vez, huye quien puede, y es posible que sea hacia nuestro país; y que hipotecar el desarrollo intelectual y la vida afectiva de los niños dejándolos aislados con sus pantallas, que pronto serán el único mundo que conozcan, es más fácil que ocuparnos de ellos todo el tiempo que necesitan. Hay muchos más ejemplos de barrer debajo de la alfombra, pero estos son suficientes para justificar por qué el juicio moral de quienes me tildan de loco o enfermo es fruto de sus propias fobias y remilgos. *Parece mentira, con lo inteligente que eres...* No, parece verdad, por lo hipócritas que sois.

Considerar la hipocresía ajena, la transfobia que sufren tantas personas, muchas de ellas menores, me da fuerzas para llevar tan lejos cuanto pueda la visión del amo que me desgarra, para sostener un dolor voluntario porque nadie me obliga a cuestionarme, necesario porque hay que pasar por esto para entender, desde una posición externa al deseo que suele motivar una transición de género, qué puede haber de verdadero en esta construcción, qué relación puede haber entre el sistema endocrino de una persona —en concreto las llamadas hormonas sexuales— y la forma como su identidad se desarrolla. Este dolor que siento, y sí, este dolor que me provoco no es, muy a pesar de las fantasías de algunos de vosotros, una forma de masoquismo refinado, ni siquiera un síntoma de falta de autoestima o negación de mí mismo. Que nadie me hable de auto-afirmación desde sus carreras profesionales monótonas, familias patriarcales o identidades normalizadas. El sacrificio por encajar en la norma no merece mi compasión. La represión del deseo no merece ningún aplauso. Mi vida no se rige por ningún manual de usuario. Creo que ninguna, de hecho.

Estos diarios no son una receta para nadie. Son el testimonio de un experimento vital. Por eso os cuento todo lo que sale mal. Vosotros decidiréis qué hacer con ello.

En mi hoja de ruta, tengo contemplados muchos imprevistos, algo que heredé de quien fui antes. No es del todo exacto decir que lo heredé porque no hubo herencia; la herencia de quien fui se la dejé a los Nubôlaris, un grupo de artistas catalanes con quienes compartí mi antepenúltimo verano, y algunas temporadas de sol y éxtasis.

Hannah se apropió de todo lo anterior, lo bueno y lo malo, pero lo malo lo colocó en la senda de lo rentable. Ahora no hay que llorar; hay que hacer dinero. Quien fui antes no tenía esta capacidad ni este pensamiento práctico. Solo veía un valor en cosas que no le interesaban más que a él, o que no se traducen en dinero. Pero Hannah es una corporación que supo identificar el talento de un hombre de treinta y pocos años y decidió alienarlo parcialmente a una especie de fondo buitre para que lo convirtiera en un referente de diversión para un nicho de mercado. De un artista todo se aprovecha, hasta los sesos.

Conviene aclarar, para que nadie se pierda, que lo que digo es menos metafórico de lo que parece. Dicho de otra manera, es tan simbólico como queráis. Para mí, es pura producción. Y ahora mismo hay un problema en la línea de producción. Pese a mi largo llanto, resolví hablar con los profesionales que me asesoran. Me aconsejaron reducir la toma de Androcur® de 100 a 50 mg diarios y ver qué ocurre durante la semana que viene, ya que, con la testosterona por los suelos, el efecto del inhibidor apenas se podrá apreciar. Así, quizás mi amo me suelte el brazo de una vez. Quizás me permita cambiar planes *in extremis*, todo en nombre de mi salud y de mi viabilidad económica. La depresión, en el ámbito de los negocios, es una pérdida de tiempo y de ventaja competitiva. Por eso, como decía un buen hombre, hay que estar siempre alegre. Aun sabiendo que todo puede ir a peor.

¿QUÉ ES LA DROGA Y QUÉ SOY YO?

A veces me cuesta distinguir los efectos de las pastillas de lo que yo llevo dentro. Recuerdo el argumento que Francis Fukuyama, un consejero de bioética de la administración Bush, recogió como admisible en *Nuestro futuro posthumano*, su éxito de ventas donde elabora premisas tan oportunistas como que las mismas personas que consideran el género o la raza como construcciones simbólicas o del discurso, argumentan que la homosexualidad es algo innato, obviando el detalle de que, para los padres conservadores, es más fácil admitir que su hija tenga una orientación sexual no normativa si es algo connatural, genético u hormonal, que si es un hecho resultante de su educación o del entorno. El mismo autor recoge como susceptibles de fiabilidad unos estudios que sugerían que la fluoxetina, un conocido antidepresivo, llevó a muchas mujeres a adoptar comportamientos que él identifica o insinúa como lésbicos.

Argumentos como este, o el de que los chicos podrían volverse afeminados por el consumo de metilfenidato, un psicoestimulante para abordar la hiperactividad infantil, que los mismos psiquiatras se apresuraron a considerar como un trastorno, forman parte del discurso oficial de estigmatización de todo lo que se aleje de lo normativo, pero no merecen ninguna consideración científica, si entendemos la ciencia como algo que no excluye a las personas, nuestras emociones y pulsiones, nuestras variables e imprevistos, nuestras contradicciones. Esos argumentos no me sirven, y si los menciono es para que quede claro que los descarto y que necesito otros distintos.

Estoy descubriendo, empíricamente, un terreno pantanoso al que podría llamar la psicoquímica. Intuyo que la palabra ya existe, y una búsqueda por internet lo confirma, pero significa otra cosa: se refiere al estudio de la actividad psíquica desde el punto de vista molecular. El ámbito podría ser ese, pero mi perspectiva no es la del estudioso que busca medir esa actividad para luego clasificar y domesticar las psiques desviadas de la norma clínica, sino la de una persona científica que es sujeto y objeto de estudio a la vez. Me lanzo como objeto de estudio para comprender un fenómeno que no logro entender observando solamente a los demás. Lo que observo es subjetivo, pero en eso está precisamente su objetividad, y la de cualquiera que haga un experimento consigo misma y lo registre. Subjetivamente, se crea un objeto que otros pueden leer. A esto se llama *ciencias humanas*. Las otras ciencias, llamadas exactas, deberían denominarse abstractas porque pretenden que, detrás de ellas, no hay personas.

Para este experimento, me someto a las mismas recetas a las que otras personas se supeditan para generar y experimentar un cambio en su identidad de género —para transitar—. Es cierto que hay una diferencia fundamental: no me mueve la voluntad de ir hacia una identidad de género concreta, distinta a la que me asignaron. No quiero cambiar de género; quiero llevar a cabo una investigación práctica de mi identidad indagando, de paso, qué hay de cierto en esa idea a la que llamamos género, tan sagrada para quienes llegan a acusar a personas como yo, que cuestionamos su creencia, de ideología de género. Es un argumento ingenioso, pero ingenuo, porque en una investigación abierta, guiada por la pregunta, el sesgo es mucho menor que en una posición dogmática, defendida sin pasar la criba de la experiencia, la puesta a prueba.

Limitarse a *reproducir* la identidad *asignada* por otros es vivir *resignada* al sentido que otros le transmitieron. Cuando el pensamiento crítico vive así secuestrado, y nos olvidamos de que la libertad, si no se practica, se pierde, es fácil llegar, sin darse cuenta, al más peligroso de los acantilados: ¿vivir para qué?

Soy lo que muchos llaman una persona conforme con el género asignado al nacer. Pero decirlo así, sin más, es un poco tramposo. Yo estoy conforme con el género que me asignaron porque no me representa un problema, y de hecho supone privilegios en una sociedad que es, precisamente, patriarcal. Esto es cierto. Pero también es cierto que, en una sociedad más libre e ilustrada que esta que conocemos, o en una sociedad gobernada por formas de inteligencia artificial antes que por inteligencias humanas, ya sean individuales o grupales, si en vez de asignarme un género o incluso me dieran a elegir entre este y aquel, yo pudiera crecer y desarrollarme al margen de esa elección, quizás yo y muchos de los que me estáis leyendo podríamos movernos libremente entre lo que, de momento, siguen siendo diques de contención, categorías que nos limitan socialmente a un rol determinado, de clase o etnia, de género u orientación sexual.

Si fuera así, no habría forma de discriminar (en ambos sentidos). Aparecerían, probablemente, formas más sutiles de diferenciarnos, acordes con las nuevas inteligencias emergentes, más híbridas, menos capaces de retener información y de almacenar experiencias. Para eso están los discos duros, la nube, el grafeno magnetizado y todos los soportes de registro de datos que estén por descubrir o inventar. Las nuevas inteligencias están marcadas por el cuerpo, ese gran olvidado de la tecnología en una época en que paradójicamente se normaliza la oferta-demanda de cuerpos en aplicaciones de citas; y es el cuerpo el que se emociona y es afectado por aquello que le rodea, lo colindante, presente o representado; el cuerpo encripta las experiencias, las devuelve en formas repetidas, como manda la ley de lo previsible, o creativas, cuando algo nos empuja hacia lo *pordescubrir*.

Por alguna razón que no veo ahora, siento que esto que os acabo de explicar tiene mucho que ver con mi bienestar recién recuperado. Un ajuste químico: una pastilla menos de Androcur®. Un desencadenante identificado: una acción que acabó mal (de esto quizás hable en otro momento). Un resultado: ya no siento que me estén arrancando el brazo derecho. Por muy psíquico que fuera, me estaba matando. Pero ya pasó.

Me han dicho muchas veces que soy un sufridor. Lo que soy es un ahorrador de placeres, igual que mi padre. En su caso, el ahorro de placeres es indisociable del ahorro de dinero, base del sustento familiar convertido en prioridad absoluta. Con los años, las vicisitudes ya no eran las mismas: el ahorro de dinero se convirtió en un deporte y los placeres, cada vez menos prioritarios, en un símbolo de vicio y derroche. Con este abono crecí yo. No sé si medré, pero crecí: inestable, flaco, vulnerable. No sin que el placer se me plantara delante como un fruto irrechazable. Afortunadamente, no pude rehuir muchas de sus invitaciones y, con el paso de los años, me fui volviendo más disponible para él.

Hace una semana, al salir de la oficina a medianoche como todos los días, me dirigí a la estación de metro. Era domingo y ya no me dio tiempo a hacer el trasbordo en la estación de Verdaguer, así que me bajé en Diagonal y fui caminando bajo una lluvia fina que me mantenía despierto, incluso excitado con la idea de que algo aleatorio pudiera ocurrir. En realidad, siento que ya no tengo edad para creer en ángeles y demonios, pero el permiso para hacer películas en mi cabeza, ese me lo sigo dando. Es un permiso totalmente neurótico, pariente del pensamiento mágico. Los charlatanes modernos, como Deepak Chopra, el del poder del ahora y toda esa chusma, no nos conocen de nada ni quieren hacernos felices; quieren, sí, vender sus libros y sus cursos. Por eso no dicen la verdad ni cuentan secretos: crean efectos de creencia, es decir, despliegan en palabras ideas que nos resultan seductoras. Como los restaurantes de comida basura, que nos hacen creer que es comida lo que allí se vende y que puede ser divertido llevar los críos allí, y no al campo, donde conocerían los árboles y sus nombres y aprenderían que la carne que comerán mañana son animales que sienten como nosotros y que morirán esta tarde. Antes de continuar, porque se me está haciendo muy real el aroma de Chanel de vaca que se propaga más allá de esos lugares, vuelvo a esta avenida nocturna que recorro, bajo la llovizna, y paso justo por delante del New Chaps. Para las personas en general que no lo conocen, es un local de ambiente; para los homófobos, un bar de maricones, y para las maricas un antro o, si queréis, un McDonald's del sexo pero sin Happy Meal, con todas las connotaciones que podáis advertir. No entré. Creo que no tuve tiempo de decidir si quería entrar porque ya estaba muy cansado y quería llegar a casa pronto. La perspectiva de tomarme un Red Bull para mantenerme despierto no me seducía y la de drogarme, menos todavía. Conozco los efectos de ciertos impulsos para poder neutralizarlos a tiempo, así que mi planteamiento ahora es otro: crear las condiciones para no tener que evitarlos.

Sin deseo, soy un hombre muerto. Y haber sustituido mis hormonas habituales por otras, lejos de modificar mi deseo para hacerme querer ser mujer, reforzó mi creencia de que hay muchos géneros por explorar: en casa, en el pueblo, en el trabajo, por la calle, y por supuesto en los locales de ambiente. La próxima vez que pase delante de uno, puede que me anime, y si me animo, os contaré cómo fue.

DICEN QUE EL PLÁTANO DA FELICIDAD

Me acabo de tomar un bol de leche de avena con uno gordo y maduro, cortado en rodajas. ¿Quizás sea el potasio? También dicen que la avena es buena para la piel. Ahora mismo, la tengo fantástica. Nunca me la había visto tan fina y delicada, casi seca. Esta es la parte que más agradezco de la sustitución hormonal: la mejora de la piel y del pelo. Me encanta tocármelo y lo hago cuando y donde me apetece. Me da igual que esté en la cola de Correos, en el metro, o parado delante de una vitrina. Mi pelo se ve más suelto y maravilloso que nunca y me lo toco todas las veces que me sale del moño.

Pero no todo son plátanos y una piel fantástica. Hay cosas que no me seducen en mi nuevo cuerpo, y digo mi nuevo cuerpo porque, aunque no apreciéis mucho cambio los que me habéis visto últimamente, ya no tengo el cuerpo que conocisteis. ¿Qué esperabais, que quitándole la testosterona el cuerpo siguiera igual que antes y yo fuera el mismo? Os digo que el de antes sigue existiendo, pero está regido por Hannah, como un sujeto por un planeta en una carta astral o, mejor dicho, *castral*.

Con esperma y deseo sexual, todo sería distinto. La libido se insinúa, pero lo hace por otro derrotero no menos fascinante. Esto lo explicaré en otro momento.

Os decía que me tomé leche con plátano y, mientras sujetaba el bol con las manos a la altura del estómago, con la lumbar medio apoyada en la encimera, me volví a fijar en cómo mis pechos despuntan. A duras penas son unos pectorales masculinos. La forma convexa de los pezones, los bultos dolorosos que asoman por debajo, la blancura del pecho, la ausencia casi total de vello, y hasta mi incipiente barriga, tan antagónica a la dictadura de los abdominales, todo ello me devuelve una imagen nueva, distinta de la que tenía de mí mismo, incluso teniendo en cuenta el hecho inevitable de que envejezco, como si este cuerpo volviera a la fase del espejo y, otra vez inexplorado, se me presentara con el magnetismo de un desconocido.

El hecho de ponerme una camisa de seda roja la semana pasada para ir a trabajar, y las miradas que recibí, ya que acentuaba la línea del pecho, me hizo prescindir de una parte del miedo a tener pecho.

Al no ser un efecto reversible, se está convirtiendo en el proceso central de mi *performance*, junto a los cambios psíquicos, y en uno de mis principales motivos de preocupación, junto a los altibajos emocionales. Pero el narcisismo de sentirme observada sin correr peligro, ya que tengo la suerte de estar rodeada de profesionales y de trabajar en una empresa donde mi cuerpo puede asumir formas no convencionales, ese narcisismo, digo, me ayuda a hacer frente al miedo que vuelve a acosarme.

¿Qué haré con estos pechos, si no tengo hijos ni los tendré?

Creo que empiezo a entender por qué los hombres (qué rara se me hace esta palabra) heterosexuales (y esta...) se fijan tanto en el pecho de las mujeres. Las tetas. Cuando ellos centran su mirada allí, entre la tráquea y el esternón, entre brazo y brazo, en esa masa más o menos voluminosa de carne, carne susceptible de ser mirada y deseada, mamada y manoseada, cuando ellos, cuando esos hombres-que-no-soy las miran con la saliva al borde de tener que tragársela, la mirada acuosa (¿qué pensarán ellas, cómo se sentirán?), cuando ellos desean las tetas de ellas, el mundo se detiene, otro pilar se derrumba en el edificio tonto del protocolo, la buena educación se tambalea (no mires, no toques) y el principio de castidad retrocede un poco más, avergonzado.

No todos los días un tío (que hasta se siente tío, aunque le dé un poco igual) empieza a tomar Climen® y Androcur® y, tras dos meses de ofensiva contra la testosterona, siente un hueso de aceituna debajo del pezón izquierdo, y cómo una capa de grasa lo va recubriendo, y luego otro hueso de aceituna por debajo del pezón derecho, y más y más grasa a ambos lados... No, esto no pasa todos los días. Y hoy (insisto: hoy) lo estoy viviendo con euforia. ¡Ya se me notan! Poco, pero como yo era liso como una tabla de planchar, no tenía pectorales de gimnasio de esos que valen para hacer transformismo, *pec bounce* u otras cosas, lo poco que tengo se me nota mucho. ¿Y sabéis qué? Creo que puedo superar el miedo de los primeros días: esto duele, pero mola.

Quiero probar ropa. Me compré un modelo impropio para hombres que miran tetas, pero ideal para uno que empieza a tenerlas: un jersey que más parece un gatito, color azul tóxico, suave-suave, tipo «no me mires, tócame». Iba a escoger uno más discreto, azul marino, pero el ambiente no está para discreciones. Quiero los tonos eléctricos, los patronajes temibles, las combinaciones osadas. Y, como decía nuestro querido Gustavo Cerati: quiero hacer cosas imposibles.

También quiero que me saquen fotos. Muchas. Solo las personas que yo quiera: Mar Llop, Toni Payán y Mònica Pallí. ¡Llegará el día en que el pecho se me vea bien en las fotos? Ahora se ve tímido, pero un día se verá túmido, o eso espero. Pero no quiero que mi disfrute sea interrumpido ahora. Bastante tengo con no poder sacudirme bien las migajas de pan de la camisa o del jersey, porque cada vez que me toco allí sin querer, ¡uf!, qué dolor. Estos días en que estoy con el subidón de progesterona, nada me para. Es como un colocón, pero de no sé de qué, porque lo del femenino y el masculino cada vez lo veo más lejano: a medida que se me acerca, al mirar un poco hacia abajo, la visión extraordinaria de mis tetas.

No menstruarás

Lo escucho como si fuera una *mitzvá*. No es una prohibición, es un imposible. Lo que estoy haciendo no me había causado ningún dilema ético. Hasta ahora. Con el subidón de progesterona, me empiezo a plantear cuestiones muy problemáticas para mí. En esas magníficas pastillas de color salmón, que conviven con otras de color blanco en un *blister* verde, factura de una elegancia casi decadente, creí encontrar el elixir de la felicidad: un elixir sólido, además, porque son pastillas, y natural porque los cuerpos que menstrúan producen progesterona naturalmente. Aquí empiezan mis dudas y reparos.

Mi cuerpo no menstrúa y probablemente no lo hará jamás.

Esta idea del elixir de la felicidad se aguantó durante unos tres días de colocón, pero luego se cayó, y quiero explicar por qué. El día 21 de noviembre, al cumplir dos meses de «tratamiento hormonal», decidí dejar de mezclar, en la misma toma, estrógenos (las pastillas blancas) con progesterona (las de color salmón), aunque esa fuera la prescripción inicial. Durante diez días, tomé solo estrógenos. Lo único que sentí fue la necesidad de volver a ajustar la dosis de Androcur®, el inhibidor de testosterona, el que me hizo llorar durante tres horas tras un mes y medio tomándome dos pastillas al día. No es moco de pavo: dos pastillas de Androcur® suelen ser suficientes para aniquilar las pulsiones de un violador, así que, a mí, que siempre frené el contacto físico por miedo a invadir el espacio ajeno, que preferí dejar de ligar antes que ser impertinente, que pido permiso hasta para hacer pis en casa de mis padres, os podéis imaginar hasta qué punto esa inhibición química anuló mi voluntad.

Sin embargo, ahora que me tomo una sola pastilla diaria, debo confesar que no me castra químicamente tanto como yo quisiera. La razón es sencilla: ¿para qué desear si los únicos objetos de mi deseo siempre están indisponibles o nunca son compatibles? Así que me planteo ajustar la toma a una pastilla y media, incluso ahora que llevo tres días tomando solo progesterona y nada de estrógenos. ¿Por qué? Porque, si digo la verdad, esperaba sentir algo así como el tipo de deseo que una mujer puede experimentar, sobre todo en los días que preceden a la regla. Pero creo que lo que me está sucediendo tiene muy poco que ver con eso, ya sea porque sencillamente no puedo acceder a la realidad del deseo femenino y mi anhelo es puro imaginario, ya sea porque, al no ser una mujer cis, la posibilidad de vivir en femenino está recortada por mi cuerpo biológico, ese que se nos impone como destino y fatalidad, tan lejano a la libertad que el deseo insinúa.

Según me dice una amiga, este colocón de progesterona es como el subidón premenstrual (para quienes lo tengan). Yo no soy especialista en estos temas, y quizás por eso no he parado de darle vueltas a cómo conseguir una receta de solo progesterona para vivir permanentemente en ese estado premenstrual que, en mi caso, no conlleva ni la perspectiva de una menstruación real, ni la dependencia de un cuerpo que ordena que ese ciclo se combine, en los cuerpos menstruados, con los días fértiles.

Soy una privilegiada por haber podido acceder a una substitución hormonal que, en muchos países, no solo me estaría prohibida, sino que probablemente me costaría la libertad o la vida. Soy privilegiada, también, por haber encontrado interlocutores que me facilitan el tratamiento en igualdad de circunstancias con quienes quieren transitar de una forma más definitiva, o definida, hacia su género sentido. Otras personas querrán hacerlo por motivos de salud y bienestar. En cualquier caso, sus motivaciones son distintas a las mías, puramente artísticas y científicas —eso sí, en el sentido más radical que pueden tener el arte y la ciencia: el de conocerse y darse a conocer una misma en total transparencia, como un acto singular de fe, creación y cuestionamiento a la vez.

El arte, si no es singular, es artesanía. Arte sin fe es evasión. Arte sin creación es ensayo. Arte que no cuestiona es entretenimiento. Hannah es consciente de ello. Hannah es un credo encarnado, deseado e irreversible. La creo y creo en ella. Me vacío de mí para que ella sea. Esa es la intención que me guía y no debo olvidarla.

Así pues, si soy tan privilegiada, ¿qué coño hago ingeniándomelas para manipular el proceso, para quedarme voluntariamente rehén de un limbo placentero o, quizás, atrapada en la pesadilla de un placer que no puede sostenerse? El horizonte de un placer ininterrumpido ya me causa ansiedad. Experimenté placeres tan duraderos en el tiempo que, en algún momento, se empezaron a convertir en malestar físico e incluso moral. Caricias que se volvieron acoso. Comida que acabé vomitando. Diversión que dejó un vacío. Orgasmos que duraron minutos, minutos que se transformaron en un infierno de placer incombustible.

Hay mecanismos de autorregulación para mantener un cierto equilibrio del cuerpo. A eso se llama homeostasis. La homeostasis se fue por los aires ayer a mediodía cuando una extraña congoja llamó a mi puerta interior para salir. La recuerdo, hecha de náusea y melancolía: compañeras que amargan la existencia. La alegría de vivir, si la deseo, la tengo que poner yo, pensé, pero ¿cómo? ¿Debo aumentar la dosis de progesterona? ¡Ya me tomo tres pastillas al día! ¿Y si bajara la dosis? ¿Para luego tener que ajustarla de nuevo, y que mi ciclo mental pierda toda relación, de cualquier tipo, con el ciclo menstrual de un cuerpo que ovula?

Me parece que la solución va a ser un poco más complicada. Por un lado, el efecto benéfico o agradable de una droga no es acumulable ni sostenible de forma ininterrumpida. Por eso no puedo seguir tomando progesterona cada día, tres pastillas rosadas, como si las blancas no existieran, como si la felicidad transitoria de la-hormona-de-antes-de-la-regla fuera perenne.

Pero no hay bien que dure cien años ni mal que por bien no venga, y aquella congoja vino a anunciarme el fin de ciertas expectativas, la urgencia de apaciguarme y volver a atender mi deseo. No puedo continuar en un falso estado premenstrual porque, tarde o temprano, la angustia sobreviene para hacer un hueco a las sombras y los fantasmas que no podemos ahuyentar para siempre. La vida no es una barra libre de fármacos para quitar el dolor y borrar las sombras; no es un elixir de felicidad servido en vasos de chupito que se venden a dos por uno. Esa felicidad mal entendida solo dura lo suficiente para atraparnos en la expectativa frustrada de más felicidad.

Aprendí que tengo un alma triste con una banda sonora al fondo que me recuerda quién soy: algún fado antiguo, alguna canción en yidis o ladino, cierta música electrónica..., y ninguna felicidad puede alegrar esa tristeza, aunque las canciones de los guetos donde tuve la suerte de no vivir me ayudan a soportar el desencanto y la soledad en estos días de Janucá y Navidad —o de Javidad, simplemente—. Hoy más que antes mi alma se refugia en las memorias de mis seres queridos y en la tentación de ser feliz. Una tentación, solo eso.

BUSCO AMOR POR HORAS

Hay personas que buscan a chicos de la limpieza o a chicas manitas (o viceversa, para cumplir con los estereotipos de género). Hay personas que, a cambio de dinero, alquilan su tiempo. Casi todas las que trabajan, de hecho. La mayoría de las que trabajan también comparten su cuerpo, pero solo una minoría lo hace para procurarle placer sexual a alguien. Sin embargo, solo llamamos prostitución a una actividad remunerada cuando consiste en satisfacer sexualmente a otra persona. Por eso, aunque nos enseñen a discriminar y estigmatizar el trabajo sexual, la economía actual se basa en la prostitución. Podemos prostituir ante todo nuestro intelecto, o nuestras manos, o la fuerza física, o la propia voz. Como casi siempre, lo sexual es tabú y, si le sumamos un contexto comercial, se vuelve una práctica aún más susceptible de vergüenza, como si fuera sucia o estuviera prohibida. El pecado original era eso: habríamos nacido de un acto sucio —algo paradójico, al ser obligatorio: *creced y multiplicaos*—. Necesitaríamos, por ello, a curas, imames, rabinos y otros chicos de la limpieza moral para que nos rescataran de la impureza de ese acto primitivo, heroico, ciertamente sobrevalorado.

Descubrí, con alguna sorpresa y enorme decepción, que hay peores tabúes que el de pagar por tener sexo, y uno de ellos es pagar por recibir amor.

Una vez más, puede que la razón principal de este tabú sea que no implica ninguna prohibición; más bien es el signo de un imposible. El amor, nos lo dijeron en la escuela, o en la música pop, es gratis, aunque no te lo creas ni tú. El amor, ¿gratis? El capitalismo nos recuerda en todo momento, sin decirlo jamás con todas las letras, que la búsqueda del amor no termina jamás, luego debe ser insatisfactoria. Para ello, no hay como desplazarla hacia la fantasía, haciéndonos creer que lo bueno es adherirse a aquellos valores socialmente glorificados, como la heterosexualidad; que lo justo es hacer dinero, medida del valor social; y que lo bello es lo que dictan los cánones de belleza. Algunos de esos cánones cambian año tras año, otros no son tan efímeros, pero todos ellos están construidos desde el poder, porque es la frustración de las clases bajas lo que mantiene vivo su afán de identificación aspiracional: el querer tener versiones baratas de lo que poseen los ricos, el querer parecer lo que una no es; en resumen, ser la imitación de su amo antes que la diferencia que lo amenaza. La clase gobernante mata así dos pájaros de un tiro: nos tiene adiestrados para seguir modas, tendencias, y sobre todo órdenes sin rechistar, y suficientemente distraídos para no fijarnos en lo que nos van quitando, que es poder adquisitivo y sobre todo derechos y control sobre nuestras vidas. En nuestra esclavitud de primer mundo hay algo profundamente ridículo, pero es mejor reírnos de los famosos mientras apartamos la mirada de nuestra propia miseria.

... cosa que yo no sé hacer. Quizás porque soy pobre de amor, y me resulta más fácil hablar de esa pobreza que de otras. No quiero lo que me dicen los anuncios que necesito. Quiero lo que necesito yo, y lo que necesito ahora es el amor de un desconocido, alguien que llegue a mi vida sin conocerla previamente, y que se quede solo por un tiempo, sin atarlo yo, ni atarse a mí. Lo llamaré un prostituto de amor, un hombre —trans o cis, los genitales no importan— que me haga sentir querido, amado y, sí, deseado. Algunos lo verán como una debilidad por mi parte, tanto el no tenerlo como sobre todo el hecho de admitirlo, y sin embargo me parece mucho más triste sentirlo a solas y en silencio cuando puedo decir: no tengo amor, pero lo quiero. ¿Hay alguien que me lo preste? Se lo puedo pagar. O simplemente: busco amor por horas.

¿Decir la verdad, toda la verdad, y nada más que la verdad, o mezclar un poco de ficción para hacerlo aún más verosímil? Me temo que a muchos cronistas, biógrafos e incluso periodistas les asalta esta misma duda una y otra vez. A los escritores de ficción no, porque el planteamiento de una novela suele ser la construcción de un relato que busca superar lo que hay, o contar historias que no coinciden con la vida de quien las escribe, aunque la imiten o se le parezcan.

Este diario tiene más de crónica que de autobiografía, más de antropología promiscua que de historia clínica. Es cierto que, cuando lo escribo, necesito relacionar el presente con su historia, a veces un poco remota, y encontrar antecedentes para lo que me duele (sí, porque al placer no le buscamos tanto el porqué). Ahora mismo no estoy en condiciones de hacer la arqueología de mi penuria afectiva, solo estoy harta de estar sola, con un hartazgo que hiere como si me tragara cristales rotos.

Ojalá me pudiera castrar químicamente del todo. La lógica del deseo es verdaderamente infernal. Nunca estás satisfecha y eso te hace perder tanto tiempo... Los curas y toda policía del deseo también lo saben, y algunos acaban desabrochándose los pantalones ante el monaguillo más dócil, y no precisamente para que les cante los salmos. Domesticar el deseo es invitarlo a casa, no reprimirlo de forma indiscriminada; e invitarlo significa saber que no cohabita, porque la cohabitación modifica el deseo, pero puede estar con nosotros, como una visita. Aunque los prostitutos de amor, si los hubiera, quizás se comportarían como otros trabajadores sexuales que conocí, que reciben en un apartamento o se desplazan a un hotel, pero no al domicilio del cliente.

Todo esto os lo digo no como un aparte respecto a mi *performance* de substitución hormonal, sino porque, respecto al campo de posibilidades que quisiera abrir, hay quienes intentan cerrarlo por otros lados, ya sea mediante la ilegalización del trabajo sexual o del aborto, de la homosexualidad o de los géneros no binarios. No se trata solamente de construir nuestro género, nuestro estilo, nuestras vidas singulares sin que nos condicionen prohibiciones religiosas u otras; no se trata de ser singular como quien se aferra a un tic o a una excentricidad; se trata de aquello que nos hace humanos.

...

Tras hacer pública la última página de mi diario, me contactó una amiga que me aseguró conocer a un prostituto de amor. Por las noches trabaja en un bar, y durante el día ofrece a veces su compañía y afecto sin discriminación de género. Me envió una foto suya. Lo conocí en un evento. Sobre su rostro amplio y su tez morena destacan unos ojos grandes de felino sonriente y una sonrisa casi constante que parece natural. Es más bien alto y su cuerpo, suelto y ágil, parece efectivamente dispuesto a envolver a otros cuerpos en caricias y abrazos sinceros. Quizás necesite él mismo dar salida a una necesidad extrema, casi innata, de expresar una afectuosidad desbordante, y haya decidido rentabilizarla, lo que sería una solución inteligente, desde luego. Pero me doy cuenta de algo que ni siquiera se me había ocurrido todavía, y es que mi vulnerabilidad física y emocional me predispone a enamorarme del primer gatito abrazador que se me presente, y la dependencia que podría causar es lo último que me conviene ahora.

Persona inocente colecciona armas de satisfacción masiva

Podría ser un titular en un sueño o en una distopía, un mundo donde el placer esté criminalizado. No cualquier tipo de placer, porque los dulces, la ropa, las joyas o los videojuegos también pueden ser armas de satisfacer. Pero el sexo, ese tabú persistente, que resiste al peso de los siglos y al paso de las modas, parece ser el mejor candidato a sublimar la agresividad, el instinto depredador e incluso la pulsión de muerte que entran en juego en la guerra bajo todas sus formas y pretextos: la defensa o la expansión territorial, el saqueo de recursos naturales, la revancha, la limpieza étnica.

Para mí, que aprendí el sexo bajo el signo del estigma, el abuso y la violencia, siempre en posición de objeto o, si debo ser más explícito, en el rol de víctima, había que buscar, dentro de la sublimación, lo más sublime; no como quienes hacen voto de castidad ante un dios o religión, ni adoptando el celibato con resignación al no haber encontrado pareja, sino como alguien que se abstiene temporalmente de invertir su tiempo en descartar parejas indeseables para quedarse solo con simulacros de placer.

Para algunos psicoanalistas de cartilla, que aplican el freudismo como un recetario de repostería conventual o, peor aún, como un tratado de hierbas medicinales, coleccionar objetos es una manera de sublimar un deseo poligámico. Si fuera así, me he decidido por la colección más funcional posible: la de juguetes para adultos. La expresión en sí resulta nefasta porque pone en entredicho toda la actividad lúdica de las personas mayores de dieciocho años, y da por sentado que lo que es «para adultos» es aquello que «no es para niños» y quizás tampoco sea para personas mayores, marcando nuevos límites y separaciones entre personas, un poco como el binarismo, que clasifica a las personas en hombres y mujeres, y el racismo, que lo hace en grupos étnicos para luego establecer jerarquías.

En efecto, solo algunos de estos juguetes imitan formas genitales, pero se prohíbe la venta de todos ellos a menores de edad, al menos en teoría, aunque las escobas vibratorias de Harry Potter hayan hecho las delicias de muchas niñas, hasta el punto de ser retiradas del mercado porque sus padres no querían ver a sus hijas poseídas por la magia. Además de los llamados juguetes realistas hay otros también que, en lugar de imitar la forma de los genitales, la evocan de formas funcionalmente mejoradas, algo en lo que el capitalismo siempre destacó, desde los sustitutos de la leche materna hasta los transportes motorizados, pasando, efectivamente, por los amantes de silicona.

También hay representaciones de humanos a escala reducida, en las que no tengo el menor interés porque me dan grima, con sus orificios funcionales en puntos estratégicos. Me dan grima porque se acercan demasiado a un efecto real que resulta patético. No quiero poner un cuerpo de silicona en mi cama o en mi bañera. Lo más lejos que fui en esta dirección fue dormir con Vinagre, un perrito de trapo de color marrón, y con Alejandrito (así lo bauticé a mis tres años), otro muñeco ligeramente androide, con sonrisa y ojos de trapo cosidos en la cabeza roja, con dos orejas que podrían ser manos sin dedos, y la parte inferior del cuerpo de trapo de cocina, de cuadros, que me hizo mi madre. Dormí abrazado a ellos hasta los cinco años, si no recuerdo mal, cuando me dijeron que ya era muy mayor para hacerlo. Volví a hacerlo, a escondidas, eso sí, en dos ocasiones. La primera, durante el invierno del primer curso escolar, cuando se reían de mí porque no llevaba abrigo. Mis padres me ponían un jersey de lana o dos, y con eso me protegían del frío porque no tenían dinero para comprarme una buena chaqueta. La segunda, cuando sentí que el mundo caía sobre mis hombros porque yo no era como los demás. Durante esas noches, abracé a Vinagre o a Alejandrito, indistintamente, bajo la manta, y ellos fueron mis confidentes, mis amigos y los pañuelos de mi llanto.

Ahora que vivo casi sola, estoy decidida a ampliar mi colección de juguetes. Juguetes que mis manos puedan abrazar y abracen partes de mi cuerpo. Juguetes que limiten mis movimientos o ensanchen las puertas de mi cuerpo. Juguetes que me perfumen, me inebrien, me hagan salivar. Juguetes que me pringuen, que me laven, que me inspiren o que me impidan respirar. Juguetes que simulen, juguetes que estimulen, juguetes que me hagan explotar de gozo, de gracia, de ganas de llorar, juguetes que me hagan sentir viva, juguetes-armas de satisfacción masiva.

BAILANDO EN LA OSCURIDAD,
ENTRE LUCIÉRNAGAS

Llevo años haciéndolo. No sé si algún día llegaré a publicar este diario porque los libros, al igual que el cine y el deporte, dejaron de ser ladrillos de crecimiento espiritual para convertirse en gasas de evasión, pantallas cada vez más finas y flexibles, de colores peligrosamente realistas. Estar congregados en el patio de butacas para ver proyectar un film en la gran pantalla es un ritual; ver el mismo film en casa, desde el sofá, no lo es, porque el ritual es social. Incluso un sacrificio requiere un verdugo, una víctima, y un dios por testigo. Salir a una cancha, jugar o tan solo ver jugar, vibrar, saber perder junto a quienes ganan o celebrar la victoria junto a los que pierden es un ritual humano; no así gesticular o refunfuñarle a una pantalla.

Cambiaron las formas, los soportes: el libro electrónico le hace cosquillas a la almohadilla del dedo que lo hojea, y sus páginas inertes jamás tendrán el aroma dulce del papel envejecido; tampoco se permuta —como mucho se piratea; y regalarlo no tiene el mismo encanto—. ¿Qué decir de la oferta de series y películas a la carta? Nos desorienta como a niños que reciben demasiados regalos a la vez; los partidos de fútbol en canales codificados, los entrenos físicos con la consola y demás videojuegos atrofian nuestra sociabilidad, el contacto físico, la capacidad de emocionarnos con la vida presente. Incluso las artes plásticas se están quedando aún más desplazadas en el imperio de la imagen digital, y las escénicas, cada vez más adulteradas en la era de la posverdad. Durante el periodo barroco, se exploró el teatro dentro del teatro, y el tema del teatro del mundo. Ahora estamos viviendo el antibarroco: atrapados en un teatro del que no sabemos salir porque los límites mismos del teatro se disuelven en la antecámara del metaverso. Incluso ya aprendimos a llamar red social a un conserje global, un inquisidor que nos pregunta a diario en qué pensamos, cómo nos sentimos, qué estamos haciendo, dónde y con quién.

Aunque este diario no llegue nunca a ser libro, quiero contar la historia de cómo Hannah llegó a ser —una precuela si queréis— porque creo que fue por muy poco que ella pudo ser. Hannah es este diario y la acción artística que voy contando aquí, para no olvidar lo que estoy pasando y cómo lo estoy viviendo, para que quede testimonio, para que vosotras, personas que me estáis leyendo, podáis soñaros de otra manera, no imitándome por supuesto, pero quizás recogiendo de mis experimentos y reflexiones los argumentos y las ganas que necesitéis para sacar adelante a ese o esa o eses que tenéis guardadas en vuestro interior.

Dadas mis circunstancias, decidí darle forma de acción artística a mi parto, un parto largo, de años, porque son años lo que tardamos en construirnos: preguntarnos si al nombre que nos dieron podemos llamarle nombre propio; cómo nos sentimos cuando nos tratan por un género gramatical y cómo nos sentiríamos si nos trataran por otro, o qué importancia tiene eso; hasta qué punto nos gustaría presentarnos de otra manera, delante de un espejo o socialmente: cómo nos peinamos y vestimos, si nos maquillamos o adornamos, qué prácticas moldean nuestro cuerpo, y hasta qué punto las deseamos. Podemos devenir quienes creemos ser sometiéndonos a un diagnóstico clínico, a un cuestionamiento legal, a un tribunal religioso. Hay personas que no tienen otra opción, sin contar con la no opción de vivir en silencio resignado el sueño de quienes son. Yo tuve la suerte de nacer en un país occidental desarrollado y el privilegio de contar con un camino abierto por compañeras que lucharon por estas libertades que algunos tanto desprecian y no desisten de volver a eliminar. Por eso, para mí, que puedo hacerlo, no hacerlo no es una opción válida, ni legítima, ni inteligente.

La acción artística o *performance*, el lenguaje artístico que más trabajé, junto a la escritura, nunca triunfó como otras artes. Personalmente, la mejor prueba de ese fracaso relativo es la dificultad que tengo para explicar que una *performance* no es un arte escénico; que no es una representación, sino un hacer-presente; que Hannah, mi *performance* más extendida en el tiempo y una de las más exigentes, no es un personaje, sino un aspecto real de mi existencia durante un tiempo indeterminado.

Esto le parece demasiado abstracto a mucha gente que conozco, lo cual es muy mala señal: indica que la idea de hacer presente, la idea misma de presencia, es ya algo lejano y difícil de entender, cuando en realidad la presencia es lo que menos intermediarios tiene, menos juicios, menos interpretaciones. La presencia es inmediata, es la intuición hecha real y concreta, es lo que se percibe en su entereza de verdad y volumen. Me temo que esto se está perdiendo y que la *performance* no tiene lugar en la sociedad porque lo humano mismo ya no tiene lugar aquí. Deslizamos rápidamente y sin control sobre nuestras vidas hacia la supervivencia el descuido, nuestra liquidación como especie.

Incluso diré que la presencia no solo se está perdiendo, sino que se nos está haciendo ausente. Vivimos en ausencia, conectados por no cables, ondas que no podemos tocar, señales que nos ven, pero nosotros no vemos; nos comunicamos por muecas y dibujitos, gifs y memes, a veces palabras, mediante aplicaciones, pero ¿cuántos nos miramos a los ojos en el metro o por la calle, y cuántas veces lo hacemos, y cómo nos sentimos? ¿Qué consecuencias está teniendo todo esto para nuestra forma de querernos, para la posibilidad de estar juntos y de ser justos?

Todas estas preguntas me acecharon a lo largo de una relación difícil, puedo decir traumática, llena de dolor infligido bajo el pretexto de un amor violento, una relación de un año a la que añadí otro año de duelo, *un año sin amor*, como en la novela de Pablo Pérez que Anahí Berneri llevó a la gran pantalla. Me había trasladado a un pueblo aburguesado, con alguna movida cultural, y allí probé un papel menor en un grupo de teatro *amateur*. Otros vinieron, hasta que una de las compañeras me invitó a una clase de iniciación a la danza contemporánea. A partir de ahí se fueron encadenando relaciones y nuevos conocimientos, algunos de los cuales perduraron durante años y me salvaron, incluso, del mal mayor. Casi simultáneamente, como dos líneas distintas que comparten el enigma de un mismo destino, conocí, gracias al hijo de otra compañera del teatro, él mismo actor profesional, a un hombre que me hizo creer en mi voz, que con su carisma y sabiduría me ayudó a encontrar mi lugar en la creación de acciones artísticas.

Por aquel entonces, ya había regresado a Barcelona, compartía piso en la calle Enric Granados con mi amiga Missi, con la que organicé unas fiestas inolvidables, de lo mejor que vivimos. Por fin, me sentía otra vez a salvo. La noche ya no era solo oscuridad. Había luciérnagas, muchas, y yo podía bailar.

Son las doce de la noche y pienso en Violeta Parra

Os voy a proponer un juego. Pensad en figuras públicas que admiréis: escritores, políticos, filósofas, cantantes, activistas..., figuras públicas, vivas o muertas, que no hayáis conocido personalmente. Ahora pensad en sus vidas. ¿Cuánto sabéis de la vida de esas personas cuya figura pública admiráis? ¿Os basáis solo en su obra, en lo que cantaron o dijeron públicamente, o dejaron escrito, en ese personaje que les valió un Oscar, en aquel discurso que os quedó grabado? Si sabéis algo de su vida, cómo vivieron y cómo murieron, en qué condiciones crearon sus obras, qué circunstancias personales los llevaron a decir o escribir esto o aquello, preguntaos si os habría gustado tenerlos de amigos, si habríais soportado su presencia asidua, su compañía, sus altibajos, sus inspiraciones súbitas, sus encierros o sus fugas.

Con esto quiero deciros algo sobre mí. A veces creo que tengo bastantes amigos para lo raro que soy (dejémoslo en raro). Otras veces, para lo hiperactiva, desbordante y creativa que soy, me parece que son pocos, que no hay a mi alrededor gente suficiente con la que compartir todo lo que hago, y esto me hace sufrir, y como artista me produce ansiedad. Solo dejo de pensar, escribir, tener ideas, crear, pero no del todo, cuando tengo que dormir, trabajar, comer, o cuando tengo ganas de estar con gente. Pero incluso antes de dormir me cuesta dejar de pensar. ¿Cómo podré compartir mi cama con alguien, cómo tener pareja si mi mundo mental es una cornucopia, una caja de Pandora infernal de la que no paran de salir pulpos y banderas, poemas y acciones, eslóganes, dibujos, canciones y utopías?

Me temo que es difícil convivir con la excepcionalidad, pero estaría bien intentarlo. No os lo digo por mí, sino porque recordando a mi gran amigo G., quién se lanzó al vacío desde una ventana de la casa de sus padres, pienso en Violeta Parra, Sylvia Plath, Alejandra Pizarnik, Virginia Wolf, pienso en Walter Benjamin, sobre todo al final de sus días, pienso en Sigmund Freud. No todas ellas se quitaron la vida; no de forma explícita. Pero todas, todos, se unieron a la muerte, probablemente (seguramente, diría) por un desapego a la vida, no ese desapego blandengue que prescriben ciertos charlatanes a gente psíquicamente frágil, sino un desapego desde la náusea, desde el hartazgo consciente y revisado, desde el ya no puedo más, ni hoy ni mañana ni pasado un año, el dejadme morir porque no quiero despertarme nunca jamás.

No estoy pensando en dejar la vida. Solo estoy midiéndola, y debo llegar a ambas puntas. Estoy sintiéndola, estoy apreciando cuán densa puede ser; y me estoy dando cuenta de que el adiós de G., pasados más de diez años, sigue resonando en mí como un ángel en una caída infinita, danzante, me sigue rozando como una pluma haciendo preguntas en forma de cosquillas: ¿cuándo serás más ligero? ¿Cuándo vendrás a verme? No puedo ir a verte, querido G. Espérame un poco más, por favor. ¿No ves que aún me queda aprender quién soy?

Es la una de la madrugada y prefiero permanecer en este cuarto, escribiendo mi diario, antes que en una discoteca buscando a alguien que no está allí. Acabo de volver del trabajo, donde los estímulos son casi permanentes: además de mi ocupación laboral concreta, la atracción difusa que se instala al convertirnos, unos para otros, en el punto de fuga donde descansar la mirada. Es como si, tras alejar esa mirada de la pantalla, aunque por breves instantes, el cuerpo humano se volviera más atractivo por el mero hecho de estar ahí, presente, con su volumen tangible.

Para explicar esta lógica, que protege un misterio necesario a la existencia, hay que intentar hablar de ese misterio. Leí cientos de libros y artículos antes de escribir mi tesis doctoral, muchos de ellos sobre la mística, la que trata de aquello de lo que, paradójicamente, no se puede hablar. Esa paradoja me enseñó que sí se puede decir algo como el que conoce el mar sin haber entrado profundamente en él. Yo nací junto a la playa: soy del Atlántico, ese es mi lugar. Y aunque no soporto las playas llenas de gente y de colillas, de chillidos y olores desagradables, la playa, cuando estamos a solas ella y yo, es el lugar donde me encuentro.

Es probable que la atracción viva que siento por la playa vacía de estridencias, habitada solamente por la humedad de la marisma y la fuerza mineral de las rocas deshaciéndose, cada mil años, en fina arena que atraviesa el tiempo, es probable que este amor a la playa vacía, rasgada por el vuelo de las gaviotas y el romper obstinado de las olas, haya sido decisivo en mi formación espiritual, hasta desembocar en cierto desdén por las marabuntas; pero eso que cierta tradición mística dio en llamar *contemptus mundi* no hizo de mí un misántropo, sino un alma amante de lo singular, en los cuerpos y sus relaciones.

Pocas cosas habrá peores que rellenar una relación como si entre nosotros hubiera una plantilla que cumplimentar con toda una serie de lugares comunes, hechos todos de ansiedad y expectativas. Hannah se dejó impregnar por el escepticismo y la crítica frente a esas expectativas, y se me adelantó: así es como ella me recuerda, cada día, que ahora, más que antes, tengo la opción de rechazar el infierno de lo social o, mejor dicho, de volver a ocupar lo social fuera de lo que se espera que yo sea. Entonces, esos espacios comunes, llenos de gente desafecta y de comunicaciones inconclusas, dejan de ser una ocasión temible donde perderme y se convierten en un sorteo de respuestas desordenadas donde, quizás, alguna de mis preguntas encuentre satisfacción. Pero los afectos, esos, no caben en ninguna plantilla (ni pastilla tampoco).

Mi cuerpo está atravesado por la letra y sé que, pese a los cambios de nombre, tras los cuales no busco más que la reconciliación definitiva con la vida que es mía, el cuerpo seguirá sujetando el peso y el paso del destino. Sé también que ese destino no es la fatalidad con que azuzaron mis miedos, sino el resto de la división del universo por la libertad: de todo lo posible, solo puedo querer una parte, y de lo que puedo querer, solo una parte ínfima llegará a ser. Para llegar a ser, hay que ser libre; para ser libre, hay que cuidar, a diario, la libertad de ser; y si los demás no son libres, mi libertad no será verdadera, ni mi alegría completa. Así que sigo aquí, escribiéndome: para que podáis intuirme bajo la transparencia oculta de las letras, y sobre todo intuiros a vosotras mismas, las personas que sois bajo la creencia adquirida, el nombre heredado, las expectativas de otros.

Si tenéis a alguien que os cuida de manera desinteresada, aunque no os entienda, recordad que eso también es amor.

Hoy fue el tercero de mis peores días desde que empecé a sustituir la testosterona, y sentí la falta de alguien que me cuidara. Durante los dos primeros meses estuve combinando cada día una o dos pastillas de estrógeno con una o dos de progesterona. A partir de este tercer mes, empecé a intentar recrear el ciclo menstrual a nivel hormonal. Tengo días buenos, días neutros y días malos, y tuve tres días pésimos. El primero, estuve llorando tres horas sin parar, probablemente por la dosis de inhibidor de la hormona masculina. El segundo fue hace un par de semanas; anduve caminando sin rumbo y sin poder parar de llorar. Hablar así de estos llantos los unifica en cierta medida, como si las lágrimas fueran todas iguales. No lo son, pero sé que mi sufrimiento no os atañe, por eso trato de abreviarlo.

Ese día, lloré por el bajón que sobrevino a mi primer subidón premenstrual (léase: progesterona). Tras varios días de tregua (léase: estrógenos), hoy volví a tomar solo progesterona. Pensé que tendría un día feliz porque, la vez anterior, los primeros días fueron de intensa alegría, expansión, risas casi histéricas. Esta vez no. Al darme cuenta de que la libido seguía muy presente, y que mis testículos retenían una cantidad ínfima pero ineludible de semen, decidí retomar la dosis inicial de Androcur®, así que hoy ha sido el primer día en que, reproduciendo químicamente el ciclo menstrual a través de la toma por separado de las hormonas femeninas, he combinado una dosis relativamente alta de inhibidor (100 mg) con una dosis alta de progesterona (no me preguntéis en miligramos: han sido tres pastillas).

No creo que el problema se deba a la combinación de estas cinco pastillas, sino a que retomé el tratamiento con dos pastillas diarias de Androcur®. En teoría, este medicamento se opone a la testosterona, pero, en la práctica, también me oprime los hombros, como si quisiera aplastarme, y me hace perder el tono muscular, como si alguien me arrancara a trozos mi propio cuerpo. Sin embargo, también me devuelve el cielo de la castración. De hecho, ayer, por tercera o cuarta vez desde que empecé, me masturbé para verificar la eficiencia del Androcur®, y os diré que está funcionando muy bien: ni una gota de semen, ni un atisbo de humedad, y una dificultad extrema para excitarme. Llevar la sangre al pene, algo que en los cuerpos con pene y sexualmente despiertos ocurre de manera inconsciente, ya que uno se excita y el miembro responde de forma casi automática, se convirtió otra vez, para mí, en una maniobra obligatoriamente consciente y mecánicamente compleja (a menos que la despierte el amor, que es una química distinta).

Parece que os esté hablando como si pretendiera ser médico, pero nada más lejos de la realidad. Mientras escribo, intento tranquilizarme porque no es agradable regresar a casa y que las lágrimas se te caigan en la americana como gotas de lluvia gordas y sonoras. Pero no llueve. Eres solo tú. Tú y tu soledad. Me pregunto si escribiré este texto o si es mejor seguir divagando y diciendo cosas con las que os podáis identificar. Finalmente, decidí escribirlo porque no tenéis por qué sentir todo lo que siento, ni una pequeña parte siquiera. Al fin y al cabo, me metí en esto para ver si no solo la sustitución hormonal sino también y sobre todo la transición de género pueden expresarse bajo discursos más plásticos e inconexos, exentos de coherencia, libres del mundo angosto de las normas. Quizás mi sufrimiento de ahora sea, más tarde, liberación para otros. No porque yo sea profeta o mesías. La función mesiánica es una función del lenguaje que cualquiera puede ocupar si está disponible para ser investido y poseído por ella. O eso me dijeron.

No creo en un feminismo que excluya a los hombres. No creo en una transición de género que no cuestione el género. Por supuesto, cada persona es libre de querer ser esto o aquello, y si no lo es, hay que luchar para que lo sea. Pero hasta ese deseo es problemático para los roles establecidos, que quedan en entredicho durante el proceso mismo de transitar. Si hablamos de tránsito, hablamos de continuo. Por eso, aunque no estoy haciendo un tránsito de género en el sentido de ir de un género al otro, sí que estoy viviendo las consecuencias de haberme situado en el espacio libre de género, donde las continuidades andan sueltas y ya no sé qué es ser hombre o mujer, aunque unos días me sienta una cosa más que otra, y otros no me sienta cosa alguna y por eso mismo vea el cielo más despejado y la playa más vacía.

Tengo un Orfidal® debajo de la lengua y me parece que ya está haciendo efecto.

Llueven helicópteros

Se arrojan en giros infernales, sintonías mudas. Tan sincronizados, resultan fraternales. Se hunden unos y otros, casi simultáneos, en rebaño: se precipitan del pico de los cielos hasta despeñarse sobre los cuatro conos apostólicos. Suena un coro de sirenas. Avanzan coches, policías. Forman una orgía. *Propera parada: Sagrada Família.* Entre disparos secos, *Próxima parada*: dos resultan heridos. *Sagrada Família.* El tiroteo no es preciso. Disciplina, poca. El desorden surge del centro de la calma, como un dharma, pero es, por fin, la nada. Queman contenedores. Lucen torsos de Horus. Escenifican con armas el poder que su dios no tiene. *Atenció senyors passatgers.* Su dios no escucha, solo ve. *Atención señores pasajeros.* Y la visión es la de un ejército de engreídos. ¿Qué dios enviaría al frente sus hombres más queridos si no fuera, él mismo, un delincuente? Uno de ellos cae malherido, fruto quizás de un versículo prohibido, *un tren sin parada*, pero en el grito de los nuestros sigue latiendo el mismo odio que el que tienen ellos, solo que bajo otro filisteísmo. Aparece Hannah, ella deslumbra a los hombres fuertes de la policía, musculosos como superhéroes, ella insufla un espíritu guerrero en las fuerzas del orden. Todo en el motín huele a cruzado que apesta. No hay churros, solo porras y gentiles morados. Uno de ellos le pregunta: *¿Cómo te llamas? Hannah*, dice ella. *¿Y tú?...* Hannah coge y se fuma un Salman Rushdie, el cigarrillo de menta tiembla en sus dedos, el suelo bajo sus pies parece movedizo. *¿Ibrahim o Abraham?*

Una flauta de queso, por favor. Sin beicon. El queso no lleva beicon ni nunca lo llevó. Pum. Un tiro en la nuca. Estos polis van en serio. Solo se cargan a los de piel oscura. *Nosotros somos blancos,* les suelta una morena de solárium, más baja que Hannah, rubia oxigenada, los pómulos como *nada que ver con egipcios, gracias.* Es el momento en que la civilización tropieza en un cliché y hay que llamar al ayuntamiento. Por favor, que venga alguien a arreglar el suelo y de paso proclame la independencia. Del país que sea. Que venga otro a replicar para que la cosa se alargue trescientos años. En la edad de oro, mil años son un día, así que trescientos pasarán rápido, una tarde de varietés. De golpe, todo se dispersa en una nube de humo blanco como claras a punto de nieve bajo el vals frenético de una gran batidora. Los helicópteros también se van. Salen palomas del *parking.* Ellos, remolino sordo, hélices, a lo lejos son insectos. Exhaustos, los policías toman por asalto una caseta que pone *churros,* donde se hacen bocadillos de calamar. ¿Quién no necesita su dosis de grasa y carbohidratos?

Me despierto con un hambre voraz.

¿Me habrá bajado la regla?

La ansiedad por llegar a Barcelona, con las carreteras cortadas y una alerta de atentado, no ayudó. El *casting* de voces por la tarde, tampoco, porque últimamente solo me piden registros agudos. Que yo tengo un vozarrón de bajo, puedo ir de lo corporativo a lo sensual, hacer anuncios de bancos y taladros y doblar pelis porno cuando eso se hacía, pero chillar nombres de juguetes, gritar tarifas móviles o doblar personajes adolescentes, pues no.

Por cierto, ayer cumplí tres meses de hormonas artificiales y volví a los estados de mierda.

Una vez en casa, pude desahogarme y llorar otro llanto largo, entrecortado por sollozos sin un porqué. Me cundió, todo hay que decirlo: escribí un nuevo capítulo de mi próxima novela y tres poemas de los que hoy me siguen gustando (la prueba del día después me suele funcionar). Esta vez pensé que había que tomar cartas en el asunto. Miré en mi neceser qué pastillas tenía. No había mucha variedad, pero tuve una extraña iluminación: si el Androcur® me quita la libido, me deja por los suelos y disminuye mi capacidad de concentración, ¿se me quedará la mente en blanco si me tomo dos pastillas más? Nada, una pequeña sobredosis. No hay nada como automedicarse para darse cuenta, más tarde, de que hay que ser imbécil para hacerlo. Esta vez tuve suerte: me quedé KO. Estuve durmiendo de seis a ocho de la tarde, me desperté zombi, preparé la cena, a las nueve me eché una siesta de media hora, luego estuve escribiendo, a medianoche volví a la cama y allí estuve, dando vueltas, hasta las tres. Esta mañana, tras la resaca inicial (gracias, Androcur®), el regreso a los estrógenos y un ibuprofeno de 600 mg (una de mis drogas preferidas) me devolvieron la alegría de vivir. Esto sí que mola.

El único problema es que hoy voy más salido que el pico de una plancha y no sé qué ocurrirá esta tarde en el trabajo. En lo que va de día llevo tres erecciones: máximo histórico sin testosterona. Si la tuviera a niveles normales, me estaría follando a los coches. Al igual que en aquellos tiempos de frémito y lujuria, cuando vivía todo el tiempo en el Eixample, a 10 minutos del barrio gay, un día entré en uno de esos supermercados donde tienes la sensación de estar en el *after* y tuve cuidado de no sostener en la mano frutas o verduras que pudieran tener formas innecesariamente sugerentes. Detrás de mí, en la cola para pagar, había una pareja de tíos con collares de perro, pero nadie mordió a nadie.

Las páginas de este diario no le hacen justicia al maravilloso vaivén emocional que estoy atravesando, pero ¿qué le vamos a hacer? Si queréis probarlo, no os resignéis a un género estable y aburrido. Tampoco busquéis en el amor algo que podáis encontrar en vosotras mismas. El amor es otra cosa. Es otra química. Con mis dos de Androcur® y tres de Climen®, no creo que esté en el buen camino. Pero, con o sin amor, Hannah está ahí y socializa.

Hace días presenté con Sebastià Portell una traducción que hice. Me lo encontré en la librería hablando con Anun Jim, y nos presentamos de la forma en la que me siento más cómoda, que es poniéndole rostro a alguien que de algún modo anticipaba. En este caso, habíamos hablado en diferido, siempre con la mayor cordialidad. El motivo por el que no me sorprendió su cortesía y brillantez fue la recomendación que me habían hecho, tanto Maria Muntaner como mis amigos Àlex Tarradellas y Rita Custódio, y su novela de retales tan bien cosidos *El día en que murió David Bowie*. Me habían hablado maravillas de este espíritu hurgador, amante de las letras. La presentación se convirtió fácilmente en un evento amable hacia el texto del que se trataba, una traducción mía de unos cuentos ejemplares, casi litúrgicos, de una aristócrata rebelde. Solo al final, como conviene, surgió, en tono jocoso e informal, la cuestión sutilísima de Hannah, orgullosa de sus pechos tímidos y sorprendida por su piel, cada día más fina y extraña. Todavía me cuesta hablar de Hannah de una forma que no sea indirecta, en tercera persona, porque socialmente sigo ostentando otro nombre, e intuyo que al final del recorrido encontraré otro distinto. Una vez ahogado el nombre del padre, todos los demás se disuelven. ¿Habrá nombre propio que resista a la disolución del nombre del padre? En cualquier caso, ¿lo habré disuelto de veras? Sin embargo, Sebastià reanudó esta tarde el acto de preguntarme, proporcionándome ese espacio virtuoso y privilegiado, casi fálico, de la respuesta porque, no lo olvidemos, al que se pregunta, al que se llama por teléfono, al que se inquiere o se quiere, es al que le damos el cetro efímero de la palabra, ese breve falo simbólico que confiere, al que lo tiene, la oportunidad, más que el poder, de convocar o seducir. Hannah puede seducir, pero no quiere hacerlo porque no cree en la posibilidad de complacer. Ella no es una mujer trans; ella es el tiempo femenino del hombre que antes fui, y de cuyo cuerpo se apropió para intentar una menstruación imposible.

Y un embarazo igual de improbable.

ÉL

Ahora que empieza la segunda mitad de estos seis meses hacia Hannah, y que empiezo a conocerla también, creo (qué tontería) que la voy a echar de menos. ¿Cómo me las arreglaré para conservarla, más allá de los pechos? Lo único irreversible en todo este proceso es el desarrollo mamario y el poso de las vivencias, las relaciones que habrán cambiado, las amistades que habré perdido.

Y, por supuesto, las que hayan empezado.

Porque si el encuentro con Hannah me resulta a veces extremadamente doloroso, tanto en mi cuerpo físico como en mis otros cuerpos, ella, esa corporación creativa, mezcla de startup espiritual con disforia capitalista, me está acercando a situaciones y personas maravillosas, gente que conocí en los últimos tres meses y que, si me leen, no deben dudar en absoluto en darse por aludidas: no pretendo que os quedéis con Hannah (ella no es tan posesiva), sino que os la quedéis, que os la llevéis a casa como un pongo inspiracional, un amuleto literario, que sepáis que ella os quiere y seguirá en vuestro interior, en vuestra memoria, en vuestra profecía —se quedará con vosotros más que conmigo mismo, porque yo (pero ¿quién?) seguiré buscándome en otras formas y nombres—. No hay nada que temer. No hay nada mejor para la salud mental que encontrarse uno mismo. Y solo buscando mucho se encuentra algo.

Buscar, encontrar algo, personas nuevas... No quiero meterme en camisa de once varas por hablar de alguien que todavía no sabe cómo me llamo, ni mucho menos de la existencia de Hannah, ni que ya me referí a él, al menos de forma tangencial, y que su paso por mi existencia, en un momento tan delicado, ya dejó su huella inconsciente. El valor de confesároslo ahora es muy distinto al de contarlo más adelante, cuando ya se conozca el desenlace. Por otro lado, me resulta más real y verdadero no saber cómo acabará esta *performance*, es decir, si me va a interesar más encarnar una masculinidad sobreactuada, o un hombre libre de testosterona, o una mujer en un cuerpo sin género, u otra posibilidad, al igual que prefiero no tener que prejuzgar adónde me llevará esto porque, efectivamente, es una investigación, e investigar es ignorar el prejuicio.

Hace un par de semanas, durante una formación en la empresa, tuve una duda, levanté la mano, la formadora me dio la palabra y, mientras hacía la pregunta, percibí a mi lado izquierdo, no inmediatamente al lado, pero sí a mi lado izquierdo, que alguien me miraba. Pude comprobarlo mirando hacia él. Su mirada era absolutamente deseable. Insultantemente bella, totalmente insospechada, tan dócil como penetrante. No estoy exagerando. O sí, pero ¿qué más da? De hecho, creo que las palabras se quedan cortas. ¿Conocéis el poder de una mirada? Me hablaron varias veces de mi mirada durante una *performance*, de la fuerza, la intensidad, lo enigmático, la presencia que, según ellos, transmite. ¿Sabéis de qué os hablo? Pues bien, ya era hora de ser yo testigo de una mirada así, como la que dicen que tengo durante las *performances*. ¡Ya era hora! La espera valió la pena porque, además, en cada mirada hay un aspecto físico, los ojos, y esos ojos que me miraban satisfacen con creces uno de mis fetiches más bizarros y constantes: la aparente ausencia de pestañas en el párpado inferior. Joder... Ese tío no tiene pestañas en el párpado inferior o, si las tiene, quedan compensadas por un minúsculo pliegue del párpado que, como el borde de un prepucio circuncidado, crea una ilusión óptica de contraste. ¿Circuncisión y mirada? Por supuesto. La mirada que se dirigió hacia mí en ese momento es un falo, no cabe la menor duda. Esa mirada sentó un precedente, un poder relativo, una atadura que solo puedo intuir.

Sin embargo, ayer me desplacé al lugar donde trabaja su equipo, que está físicamente alejado del mío, aunque en el mismo edificio. Creo que él no me vio, pero yo sí lo vi. Hoy, por una cuestión logística excepcional, su equipo fue trasladado a pocos metros del mío. No fue hasta que tomó asiento a pocos metros de mí que yo me hice notar pasando detrás de él para ir al aseo. Entre aseos y cafés, mi presencia se hizo intermitente pero notoria. En uno de esos momentos en los que sabes que solo puedes estar muy equivocado o totalmente en lo cierto, decidí creer que estaba en lo cierto y que él buscaba mi mirada tanto como yo la suya, aunque solo a ratos porque, hay que recordar, estábamos trabajando.

Él salió un poco antes que yo. Al salir, lo vi unos metros más adelante con unas compañeras. Me alcanzó otra compañera de su equipo, que entabló conversación conmigo. Entramos en el tren. Las compañeras que iban con él no llevaban billete, afortunadamente, pues el tiempo que tardaron en comprarlo fue suficiente para que él las esperara, yo validara mi billete, nos encontráramos frente a frente, yo lo saludara por primera vez, y él me contestara. Nuestra mirada cruzada lanzó una sonrisa bidireccional. Una sonrisa sin pretensiones ni futuro. Como en las películas de Eric Rohmer. Como en los atrevimientos decisivos. Como en Hannah, que llegó y pronto se irá. Por eso me quedaré con la magia de esa sonrisa igual que vosotros, si queréis, os quedaréis con esta Hannah mágicamente fugaz.

CARTA A MI MÉDICO

En resumen, te comentaré cómo fueron los tres primeros meses de reemplazo hormonal. Después del último mensaje que te envié, mi estado psíquico mejoró, pero la libido se me estaba haciendo muy presente y comprobé que la espermatogénesis se había reactivado, así que decidí retomar, cada dos días, los 100 miligramos de acetato de ciproterona. Vuelvo a no tener esperma y me encuentro mejor. Al mismo tiempo, intenté mimetizar parcialmente el ciclo menstrual separando, por ciclos, las tomas de estradiol y progesterona. Esto me abrió una perspectiva distinta con la que me encuentro muy cómodo. En el otro centro me hicieron la serología, la hepatología y una densitometría. Todo sigue perfecto, la función hepática normal. Me recomendaron que me viera el endocrino. Supongo que esto será a través de ti.

Por lo demás, me siento bien, son pocos los días de tristeza y estoy viviendo un despertar afectivo distinto de todo lo que había experimentado. Los pechitos me quedan bien, me gusto, no me siento propiamente femenino, ni mujer. Me siento nuevo, un hombre nuevo, más libre, con menos restricciones y menos prejuicios. Creo que estoy feliz.

Si lo ves conveniente, te pediría entonces el volante para el endocrino, y si quieres ver cómo estoy iré el día que me digas. Parece que estaré más tiempo por Barcelona.

Un abrazo

(Mi médico me contestó. Es una persona maravillosa. Por respeto a su privacidad, no publicaré su respuesta).

Volveré a fumar

Reduciré el alcohol a niveles islámicos, y la carne. Estamos a dos días de cambiar de año civil y decidí prometérmelo para sortear el rosario de buenas intenciones reparadoras, o depurativas, que la gente se traga entre uvas y campanadas. No suelo romper promesas, ellas me rompen a mí. Entre el temor infundado de que comiendo menos carne me faltarán nutrientes y la irritación en la garganta por una tos seca que no remite, el pánico a quedarme afónico justo antes de dos *castings* me hizo volver a la misma farmacia donde me suelen aviar las hormonas. Por si acaso, pedí dos cajitas más de Climen® porque soy un glotón. Enseguida pregunté si tendrían algún jarabe antitusivo, pero no mucocinético, porque no tengo expectoración, solo tos. «Solo tos», repitió la farmacéutica, con una mirada técnica. «Sí, solo tos», confirmé. Ella se subió a un banquito o escalera y sacó, de arriba del todo, una caja desamparada de un jarabe cuyo nombre no me sonaba, pero al ver el logo de Bayer® pensé: «A ver qué viaje me pega». Creo que la mayoría de nosotros, en mayor o menor medida, somos presa de este místico anacronismo que es el valor de una marca: místico porque es totalmente especulativo; anacrónico porque es del orden del mito. El caso es que uno se lo cree, y si se lo cree es porque sigue siendo efectivo.

Me vendieron lo último que yo me esperaba que se pareciese a una droga. Romilar® es literalmente —repito: literalmente— una cajita de sorpresas. Dentro de la cajita hay un frasquito, debajo del frasquito un papel muy dobladito y escondido que no me dio tiempo a leer, y aún debajo de ese papel tan ensimismado me encontré, pasadas algunas horas, una cucharita para medir la dosis. Medir la dosis es una cuestión de la mayor trascendencia. ¿Verdad que decimos «poco veneno no mata»? Pues depende. Y si encima no sabemos lo que es poco..., es muy probable que la droga no produzca el efecto deseado, y acabe produciendo otros totalmente indeseados. No es de recibo que una persona que sacrifica parte de su tiempo y de su creación artística a una labor más productiva según los cánones del sistema capitalista, que sacrifica incluso a buena parte de su público habitual para embarcarse en un proyecto artístico de substitución hormonal que solo siguen cuatro gatos, de los cuales solo me apoyan dos..., no es de recibo, digo, tener que sacrificar, además, mi dignidad por causa de una tos impertinente, pero siento que eso fue lo que pasó. La necesidad que yo tenía de no toser (está claro que nos equivocamos y mucho en cuanto a nuestras necesidades reales) me hacía tomar un poquito más, y luego otro poquito más, como si fuera hidromiel. Quería proteger mis cuerdas vocales, mi voz, ese maravilloso engranaje, esa caja de bosques musicales que seducen con sándalo sonoro y flores auditivas a quienes oyen los anuncios de radio y televisión y los vídeos corporativos donde resuena, firme y aterciopelado, mi suavísimo timbre paradigmático de esa fantasía antigua y falsa a la que llaman la esencia de la masculinidad.

Queriendo cuidarme, acabé con un colocón lamentable. Por suerte, o por no sé qué mano protectora o contrapunto homeostático, pude seguir con mi trabajo, contando aquí y allá con la ayuda de algunos compañeros que no dudaron en ayudarme. Incluso pudimos reírnos de lo que estaba ocurriendo, ya que no me avergoncé de explicárselo. Uno de ellos se ofreció incluso para retener el frasco como quien le quita al adicto su plus de bendición. Estuve en las nubes, eso sí, como siempre que vuelvo a la progesterona, pero esta vez se me mezclaron otros temas en la cabeza. La verdad es que aún estoy un poco arriba. Pero sin nada de tos.

...

Al viaje que me pegué con el jarabe para la tos y sus placeres opiáceos, enganché una gripe distinta, cómo no, a las anteriores, que empezó el domingo por la noche en la oficina con cólicos, luego diarrea, y un dolor de cabeza como si estuviera en reformas. Bajé a la primera planta para no molestar a mis compañeros con mi flatulencia. Al rato volví a toser hasta el punto de ahogarme en un anhelo de vómito, y todo esto me afligía cada vez más. Por unos instantes tuve la sensación de ver doble, y la tentación de achacarle al jarabe la culpa de todo aquello. Volví a subir para recoger el bolso y la chaqueta y avisar de que me iba. Llamé un taxi. No sé cómo aguanté el trayecto. Estaba como bajo hipnosis. Recordé una escena de mi novela corta *Amor negro*. A veces la ficción es un anticipo de la realidad. Pasé por casa de la amiga que me estuvo hospedando. Me puse ropa cómoda para irme de allí al hospital. No me hicieron caso, como suele ocurrir en urgencias públicas cuando no llegas amarillo, ido de sobredosis, con más de 40 de fiebre, o desangrándote. Les mostré el frasco de Romilar®. Casi se rieron en mi cara (¿tendría que habérmelo tomado entero para que me atendieran?). Supongo que esos becarios son los peores drogadictos. Tiempo de espera: siete horas. Al principio pensé: me quedaré a dormir. Una enfermera me ofreció una camilla. Pero en un hospital, o por lo menos en uno público, no se puede estar a gusto, ni dormir a gusto, ni siquiera sufrir a gusto. Así que volví al mostrador para pedir el alta. El chico se me quedó mirando. Supongo que sería su primer día, porque me consta que el abandono de pacientes en urgencias es muy frecuente. De hecho, enseguida vino la chica de la camilla y le entregó una pila de informes de fugados. Pero yo, por educación, no me fugo; pido el alta, aunque me cueste mantenerme de pie. Me preguntó la razón. Yo se la di: «Ustedes no pueden ayudarme».

Me fui a casa. Deliré despierto. Dormí. Sudé. Me desperté sudando. Dormí. Deliré durmiendo. Volví a sudar. Y así sucesivamente hasta ayer por la noche. Pude cenar algo residual, lo suficiente para volver a la cama sin la sensación de hambre. No pude dormir antes de las dos. Esta mañana me desperté a las ocho, tenía una alarma del banco. He cobrado casi el doble de lo que esperaba. Como soy pesimista, mi primer pensamiento fue que se habían equivocado. Pero ¿a mi favor? Entonces me acordé de que, al cambiar el año civil, había entrado en vigor mi nuevo contrato, más favorable, con lo que en realidad he cobrado, además de la nómina, un finiquito que me vendrá genial para pagar la fianza del nuevo piso.

Y es que hoy me cambio. Año nuevo, contrato mejorado, menos fiebre, cambio de dirección. Me voy a vivir con dos gatos y dos chicos. Y también dejo las hormonas durante un tiempo. Hasta la próxima química.

Entonces, ¿somos solo hormonas?

Ahora que las he dejado de tomar, ¿qué queda de Hannah? No es la primera vez que me estoy haciendo esta pregunta. Sin hormonas, al cabo de una semana, dos como mucho, se vuelve a generar una demanda que desemboca en un recuerdo: el recuerdo, que conserva mi cuerpo todavía, de su capacidad para producir testosterona. Y una vez desatado ese recuerdo, como una memoria traumática, nada podrá detener su producción en serie, esa línea de montaje supuestamente natural por ser la que viene por defecto, como si lo que viene por defecto fuera lo más valioso o verdadero.

Y la producción de esa hormona —no menos fascinante, no menos potente, pero cuyas consecuencias para mi identidad yo nunca pedí, luego no puedo decir que fueran deseadas— volverá a aumentar mi fuerza, masa muscular, agresividad, semen, y algo más denso y gris que el semen: el deseo. Ahora bien, ¿acaso Hannah no tenía deseo? Sí, lo tenía y lo tiene. Pero en ella el deseo sexual no es el mandamás, no todo se le somete, ni mucho menos. Hay una deliciosa anarquía sobre la que ningún sexo puede gobernar. Hannah sigue siendo un hombre, y eso me deja algún rayo de esperanza en mi futuro y en el de los seres masculinos, sobre todo aquellos que me importan y aquellos que me gobiernan. Quizás eso es lo que soy ahora: un hombre llamado Hannah.

Si observamos el mundo y a quienes lo gobiernan, si observamos la deriva del deseo hacia la sumisión, esta deriva no es natural porque no es natural someterse a un igual. Y como todas las personas somos iguales en dignidad, simplemente no es natural someterse. Ejercer poder sobre otro es contrario a nuestra naturaleza, y la sumisión, exigida como precio a pagar por un orden prometido, una especie de fascismo originario, se fabrica con el menos biodegradable de los cuentos de hadas para adultos: el binarismo. El binarismo es la creencia de que no hay humano que no sea ni hombre ni mujer; que no hay verdad que pueda ser y no ser a la vez o en un mismo lugar. Esto significa que el que no sea de veras hombre o mujer (¿según qué verdad, qué lógica?) tampoco puede ser del todo humano.

Por eso a las personas transexuales se las clasificó como enfermas, se las internó y medicó contra su voluntad, se las persiguió y torturó, y aún se sigue haciéndolo; luego, en nuestros países desarrollados, se les disculpó la vida porque habían nacido en un cuerpo equivocado, se les prometió corrección mediante una serie de cirugías y tratamientos varios, partiendo siempre de la premisa de que esos cuerpos estaban mal. Hay países donde la perversión asume otra forma no menos perversa. Por ejemplo, en Irán la homosexualidad es ilegal y se somete a las personas que muestran esa orientación sexual a cirugías de reasignación de género para que, al ser identificadas con el sexo que se supone que deberían desear, pasen a ser heterosexuales. Es una práctica aberrante, en línea con la aberración de someter a las mujeres a una policía moral dictada y mantenida por hombres. Pero no ocurre solo en Irán. En Estados Unidos y otros países occidentales, los derechos a la educación sexual, a la contracepción y al aborto, que afectan sobre todo a las mujeres, son limitados por jueces que nunca menstruaron, pero que en algunos casos sí abusaron sexualmente y violaron, e incluso protegieron a violadores con sus fallos judiciales. En estos países, una o más religiones patriarcales siguen imponiendo los restos de un orden arcaico, incompatible con el principio de igualdad.

Una generación posterior de personas trans rompió con el paradigma del cuerpo equivocado: se reinventaron entre género y género de forma permanente o intermitente, reivindicaron la identidad no como definición sino como proceso, y la transición no como interruptor binario que permite pasar de un género a otro, sino como la vida misma del proceso de identificación, y reclamaron para sí géneros fluidos, libres de clasificación; se autodeterminaron fuera del género y destaparon la trampa: no hay (solo) violencia de género: el género es violencia.

Lo digo en presente porque es imposible obviar que el género es una violencia en plena actividad, pero también sé que el lenguaje construye la realidad. Por eso, para consolidar mi Estado de Hannah, declaro que el género ya pasó, lo dejé en herencia a mis detractores. El género nos violó durante siglos. Mujeres, hombres, e incluso personas no binarias, todas en alguna medida nos dejamos violar, y al embarazo no deseado de nuevos cuerpos que serían violados por el género incluso antes de nacer, contestamos con la interrupción voluntaria del lenguaje.

Disfrutad, si podéis, de mis contradicciones lógicas. En mi realidad no hay contradicción. Las hormonas me proporcionaron la desinhibición que necesitaba para destapar mi yo más amable, sensible y cariñoso, y también más atrevido y seductor. No podrán negar la maravilla de un hombre que, a las puertas de la cuarentena, tras años de vivir a la defensiva, de sufrir acosos y abusos inconfesados, de faltas de autoestima y estimas demasiado imprecisas, no podrán negar la belleza de un hombre descubriendo su Hannah

—descubriéndose Hannah—, aunque eso casi me haya costado la propia vida, horas de conversaciones improductivas, intentos de convencer a otros y otras de que yo solo estaba buscándome a mí.

Y eso, queridas y queridos que me seguís leyendo, pacientes e impacientes, quienes me acompañáis, eso no fue obra de las hormonas, ni de las pastillas, que también; fue sobre todo obra del enorme, yermo, terrible silencio que tenemos dentro. Ahí está la respuesta a quienes somos: en el silencio. No en la moda, ni en la publicidad, ni en lo que digan los demás, ni por supuesto en lo que yo diga; en el silencio. No fuera; dentro. En el silencio.

AQUELLO QUE DESEO DEBO CREARLO YO

¿Es esto el síndrome de abstinencia? ¿Añorar la mujer que no pudo ser, que no pude ser? ¿O será más bien el duelo por ese hombre que tampoco soy?

Atravesé un gran silencio. Ahora me hallo en medio de un vastísimo vacío, antioasis en medio del desierto del mundo. De silencio en vacío, busco un hogar fuera de mi cuerpo, desalojada de mí. Pienso como si el pensamiento ya no pudiera tocarme y solo pudiera ser objeto rechazado. Eso que mi cuerpo fue empieza ahora a desintegrar, con suavidad mecánica, los tratos químicos establecidos durante tres meses con agentes externos que yo mismo me suministré. Como cualquier otra droga, un placebo incluso, me garantizaban ciertos efectos y, con ellos, la sensación falsa de lograrlos yo. No fue así: mi único logro fue encarnar un género humano que no se puede falsificar. En eso fui original, como quiere todo artista; pero no porque haya creado una obra inexistente, nueva e incluso, como algunos pretenden, exenta de influencia, sino porque volví a adentrarme, y lo hice más que en cualquier otro momento de mi vida artística, en la identificación de lo que soy con aquello que debo crear.

Y de pronto la vieja frase me alumbra: mi obra soy yo.

Que no os asuste el *debo* anterior. Por suerte o por desgracia, el deber lo conozco demasiado bien, como verbo y como nombre: porque debí y me debieron, y porque el deber es una

116

función no programable de las máquinas deseantes, como nos llamó Deleuze.

¿Cuántas veces un deseo no se disfrazó de deber porque creímos que le faltaba una justificación? Y confundimos deliberadamente una posibilidad con una obligación, para empujarnos hacia lo que queremos de veras como quien se resiste y duda.

¿Cuántas veces no convertimos un deber en deseo para hacerlo más soportable? Y confundimos la aceptación con el conformismo, y el acuerdo con la resignación, para seguir rehenes de una vida que cada vez nos gusta menos.

Por eso no me cuesta reconocer que aquello que deseo debo crearlo yo. A veces no hay otra forma de lograrlo. El objeto deseado solo existe en nuestro imaginario; entonces hay que tomar la materia que tenemos y moldearla, ya sea en lo real, cambiando lo que se puede, ya sea imaginándolo. Tampoco me cuesta entregarme a un deber menos exigente que cualquier promesa de satisfacción, afectiva o sexual, que tantas veces nos hipoteca más de lo que querríamos. Hacerme Hannah no es una obra acabada, sino apenas empezada. Pasar por ese proceso al que llaman hormonación feminizante me dio un vislumbre de lo que es dejar de creer demasiado en quien soy para empezar a crearme sin creerme. Por eso sé ahora que no existo fuera de mis creencias, que nadie es hombre o mujer fuera de sus creencias.

Desde luego, vivir en el espejismo de la normalidad es mucho más sencillo. La energía, el tiempo y el dinero que dedicamos a encajar nosotras mismas, y a encajar a los niños y a todos los demás en el sistema binario son un garante de que no tendremos tiempo para interesarnos verdaderamente por nadie, ni por nada, ni siquiera por cuidar nuestro entorno. Los cambios reales se hacen reconociendo que la mayoría de nuestras acciones son inútiles, y empleando nuestro tiempo en trascender nuestra apatía y nuestras ganas de distraernos. Quien nos dice que la felicidad está en nuestras manos miente: está en manos de mucha más gente. Pero que nuestra desidia es cómplice de nuestra desdicha, de eso no nos quepa la menor duda. Por eso solo nos queda actuar. Pero ¿cómo podemos actuar fuera del género si el género empezó a dictar nuestra forma de ser antes incluso de haber nacido?

No todas las personas somos iguales. De hecho, no hay dos iguales. Por eso hablamos de singularidad, esa cualidad de ser único e irrepetible que está formada por miles de rasgos que caracterizan nuestro aspecto físico en cada edad, nuestros gestos y maneras de percibir lo de fuera y actuar hacia ello, de sentir el mundo y seguir creándolo. La suma de todas nuestras particularidades forma una sola singularidad. Esa singularidad no es, por lo tanto, un todo indivisible, sino lleno de incoherencias —que nos convierten en seres colmados de matices y a veces de contradicciones— y de inconsistencias, porque somos seres dinámicos, expuestos, luego cambiantes. Obviar esas incoherencias e inconsistencias es caer en la trampa de la individualidad, la idea de que somos individuos o unidades indivisas. El individualismo es la ideología construida sobre esa falsedad, que triunfó porque parece más fácil aparentar que somos constantes y carecemos de fisuras que tener que negociar constantemente con nosotros mismos y con la realidad de los demás y del entorno, que también cambian.

Por eso es tan útil creer en la raza, en el género, en la nacionalidad: todas estas creencias hacen que nuestras identidades sean más reconocibles, pero también más rígidas. Así, cuando vemos a alguien con ciertos rasgos físicos o forma de vestir, por ejemplo, nos tranquiliza poder encasillar a esa persona en unas expectativas y escalas de valores ya aprendidos —lo que llamamos estereotipos y prejuicios—. Por el camino, nos perdemos la oportunidad de conocerla sin ideas preconcebidas y dejar que ella nos descubra también a nosotros, fuera de esos patrones mecanizados en los que nos vamos deshumanizando porque renunciamos, sin darnos cuenta, a nuestra singularidad.

Preferimos lo previsible a lo sorprendente, preferimos una falsedad que confirme nuestras creencias a una verdad que nos desoriente. El género es un buen ejemplo de ello: nos orienta, pero no existe. Nos formatea el pensamiento, los afectos, el discurso, nos da pautas sobre cómo vestir y comportarnos, cómo y a quién desear y cómo hacer el amor; pero es profundamente inhumano porque esas pautas solo existen en el mundo de las ideas, y cada vez más personas se dan cuenta de que su realidad sentida no cabe en la estrechez de esas ideas, casillas y categorías.

Hay que tener el mismo cuidado con la adhesión de personas menores de edad a una identificación con lo trans como si fuera una identidad en sí misma que con la transmisión de los roles de género binarios; sin embargo, hay mucha más policía moral preocupada por el «aumento de menores trans» —síntoma de un anhelo de libertad que se manifiesta en el cuerpo social— que políticas educativas que garanticen que las personas, también y sobre todo las menores de edad, puedan descubrirse sin miedo, conocer y cuestionar los paradigmas actuales de la vida adulta, construir relaciones placenteras, socializar con personas de cualquier edad y condición social, practicar el consentimiento, negociar, soñar, implicarse.

El género es una ficción que nadie necesita para ser feliz y que, al contrario, genera desigualdad, frustraciones, injusticias, persecuciones, suicidios, mutilaciones, formas de sufrimiento inútil, perverso, inhumano. El género genera barbarie.

Hoy mismo podemos empezar a hacer cosas que parecen exclusivas de otro género, o dejar de hacer cosas que parecen obligatorias en el que, sin haberlo pedido, nos asignaron. Podemos hacerlo porque el género es un mero instrumento de control, la herramienta biopolítica más básica y opresora. Sin embargo, carece totalmente de materia porque ni siquiera tiene correspondencia fiable con rasgos tan específicos como la forma y ubicación de los genitales, que nada dicen sobre la personalidad, integridad o competencias de una persona. El género no existe.

La falsa disyuntiva de los dos géneros, causa de tanta angustia y autocensura, se consolida en nuestro lenguaje con la existencia de solo dos géneros gramaticales, aunque en varios idiomas importantes, como el farsi, el finés, el húngaro, el japonés y el coreano, no haya distinción de género ni en el lenguaje hablado ni en el escrito, y el chino solo dé cuenta de esa diferencia en el escrito. En el turco, el quechua y el tagalo, solo hay distinción de género en dos o tres palabras o préstamos de idiomas colonizadores que sí la tienen, como el inglés y el castellano. Incluso en inglés, los adjetivos no tienen género. Pero entre las personas hablantes de idiomas con fuertes marcadores de género, como es el caso de las lenguas románicas, no faltan chistes e indignación ante las iniciativas para liberar los idiomas de un aspecto tan anacrónico y perjudicial como el género. En un mundo donde nadie es inferior en dignidad, ni en derechos, ni siquiera en el interés que pueda suscitar a los más distintos niveles, ¿qué sentido tiene hacer una distinción que no existe?

Cada vez más utilizo de manera indistinta uno u otro género gramatical para referirme a mí misma o incluso a objetos, aunque considerando la tradición de generalizar en masculino y encima llamarlo neutro, borrando así lo femenino, veo la conveniencia de reparar el daño visibilizando toda la realidad en femenino, utilizando el actual femenino gramatical como neutralizador del género. Ese es sin duda un paso importante para exponer la violencia patriarcal que ha llegado casi intacta a nuestros días. La prueba de ello es la indignación de los demás cuando utilizamos el neutro femenino para algo que consideran masculino. Abolir el género es abolir su violencia, y ninguna policía moral tiene derecho a oponerse. Solo puede imponerse por la fuerza, como es costumbre en las sociedades bárbaras.

ANDO BUSCANDO FRATERNIDAD

Necesito nuevos hermanos. Elegidos, no impuestos por la sangre. No sexuales conmigo, pero sí afectuosos, sin miedo a ser tachados de maricones o a que yo los erotice. Y sí, masculinos, pero no necesariamente hombres. Porque si el género no existe en la realidad, los roles sí se construyeron a lo largo de años, de siglos, nos legaron una herencia de gestos y protocolos, usted primero, señora, es usted fuerte como un varón, pareces una señorita, pareces un marimacho, protocolos que aseguran que el rol no se desvíe hacia el del sexo opuesto, en un mundo donde solo hay dos, ni tampoco se deslice hacia la inmoralidad, siempre según las normas heredadas, todas ellas sociales e inventadas por humanos para nuestra propia represión y disciplina, no te vistas así que pareces una puta, no te arregles las cejas, no te pintes las uñas, los hombres no hacen eso.

Los hombres reprimidos, quizás. Porque las personas libres hacen lo que les sale del cojón, pueden tener colla o poño, el sentido hacia afuera o hacia adentro de los genitales solo importa para reproducirse y, gracias a la tecnología, casi ni eso. Hay tanto cuerpo que explorar, tanto placer más allá de los lugares obvios y manidos, tanta vida más allá de la que nos contaron...

Así también hay más relaciones que las que caben en las cajas formateadas, parejas, amantes, amistades, colegas, conocidas, parientes, compañeras, familia allegada, hay más fotografías esperando álbumes futuros o marcos sin medidas estándar porque somos personas libres de estándar, sin modelo al que copiar y con muchas más posibilidades por delante.

Por eso, cuando pido nuevos hermanos, elegidos, no sexuales, masculinos, estoy negociando con una herencia que sigue pesando demasiado y que habrá que quitarse poco a poco para no hacernos más daño del que nos hace la herencia misma. Es una operación delicada que se entiende mejor cuando encontramos a alguien que la encarna; por ejemplo, una persona que no sabríamos encasillar en un género u otro, que sencillamente no podríamos, o una persona cis con pluma homosexual, es decir, que tiene un lenguaje corporal que se marcó socialmente como típico de lesbianas o gais, pero cuya orientación contradice ese prejuicio, o viceversa.

Sin querer achacarlo todo a las hormonas, pero sabiendo que me estaría engañando si negara sus efectos, quizás al haber interrumpido el estradiol esté aumentando mi nivel de testosterona y busque, sin saberlo, el confort de la compañía y del afecto masculinos, pero sin la carga sexual, ese afecto que creo poder encontrar en chicos capaces de ser afectuosos conmigo pero que no me deseen sexualmente, o en hombres que no me traten con paternalismo pero que sean paternales en el sentido cariñoso, o en mujeres con pluma *butch* con las que compartir una complicidad de tíos, un *male bonding* libre de machismo. De estos tres tipos de personas que acabo de describir, encontré al menos una persona del primer tipo y otra del tercero, un amigo gay con el que no hay el menor atisbo de interés sexual pero sí una infinita ternura, y una amiga heterosexual que parece un motero. Los tíos duros se vuelven locos con ella, y ella loca con esos tíos. Pero, dice, tienen que ser duros por fuera y tiernos por dentro. Entonces, me dice, le mola estar conmigo porque soy tierno por dentro y por fuera, así que no le pongo y podemos compartir nuestro espacio fraternal. El único tipo que no encontré fue el tipo paternal. Quizás porque me estoy haciendo mayor y ya nadie me ve como hijo, ni siquiera en sus fantasías.

Sin embargo, me llama la atención la cantidad de hombres que, habiéndose enterado de mi acción por conocidos comunes, se me acercan movidos por el interés de saber más, y de todos ellos creo que ninguno se plantea hacer el tipo de tránsito de género al que la mayoría de la gente se refiere, ni siquiera hacer lo que estoy haciendo yo; tampoco les veo movidos por ningún interés sexual, o porque son heterosexuales y no me leen como mujer, ya que tampoco transité lo suficiente para que eso ocurra, o porque simplemente no les atraigo. No; creo que aquello que les mueve es, en el peor de los casos, la curiosidad mórbida del periodista amarillo que quiere ver un bicho raro o, en el mejor, la curiosidad informada de querer escuchar a alguien cuyo proceso representa —con los colores fuertes de lo excéntrico, con una audacia al filo de lo aceptable que ya solo se permite al arte— el suyo interior: reformularse para estar a gusto consigo mismo.

A esto llaman algunos nuevas masculinidades, expresión desafortunada donde las haya.

Cada persona que viene al mundo es una nueva singularidad, como ya dije antes, singularidad hecha de muchas particularidades, entre ellas rasgos que culturalmente se fueron identificando con lo femenino o con lo masculino. Por eso, si a alguien que llega al mundo se le asigna el género masculino y, tras la pubertad y más allá, elabora un rol social que no hace fricción con ese género, a esa persona se le reconoce socialmente una masculinidad de algún tipo. Pero eso, en una sociedad abierta a la diferencia, en una sociedad donde el pensamiento es una ocupación y la cultura no fue del todo absorbida por la supervivencia o la evasión, solo quiere decir que, en esa singularidad, se dio la casualidad de que, entre un cuerpo (con sus marcadores de identidad sexual), un discurso (con sus marcadores de género) y un rol (con sus marcadores de aceptabilidad social), hay suficiente armonía como para dejarla tranquila. Pero ¿qué ocurre con todas las personas que, en un momento dado, sienten que esa armonía no existe? No hace falta ser trans ni identificarse con esto o con aquello, ni mucho menos un diagnóstico temerario, moralista y sin conexión con la realidad sentida de las personas reales. Solo hay que estar atenta a una misma para encontrar posibilidades de ajuste al propio sentir, o el simple anhelo de seguir probando. ¿Qué más da si una persona nunca acaba de encontrarse? Es más probable que esté en lo cierto que quienes jamás se hicieron la pregunta sobre qué les hace ser mujeres u hombres, y que, por tener chocho o picha, hacen de ello y de poco más el centro de sus vidas. Vidas más encorsetadas que los pechos de María Antonieta.

Con todo esto, no solo en mente, sino interiorizado, es decir, sentido, reflexionado, incorporado, podemos entender que la búsqueda de identidad no supone enfermedad ni pecado, ni siquiera disforia o falta de carácter, ni crisis de identidad si se entiende la crisis como algo malo, peligroso, y no como lo que es —un tiempo crítico, de decisión—. Ese tiempo puede durar años y años porque no hay prisa ni, menos aún, sitio adonde llegar. Ser hombre no es un destino. Ser mujer no es un destino. Ser trans no es un destino. Conocerse sí lo es, así que no acortemos nuestra vida inteligente. Seguir buscando, seguir *buscándose*, es de personas sabias.

...

A propósito de esto último, recuerdo algo que pasó antes de ayer y que tuvo cierta sororidad entre hombres. Sororidad, sí, entre hombres, sí, porque no recuerdo que sacáramos nuestros falos simbólicos en ningún momento para ver quién la tenía más larga, ni siquiera estuvimos pendientes de nuestros roles.

Un chico que conocí hace poco, pero lo suficiente para saber que no es un *Mann ohne Eigenschaften* [un hombre sin atributos] ni una masculinidad tóxica, me invitó a ir a verlo haciendo su trabajo de guía turístico en un lugar cuyo acceso suele ser más bien engorroso. Es un tipo inteligente que se dedica a hacer varias cosas entre las que destacan las artísticas, *homem de sete instrumentos*, como decimos en Portugal —crecí escuchando la música de Júlio Pereira, que era uno de esos músicos—. Su invitación no tuvo que ver en absoluto con un acto narcisista; fue un pretexto para compartir y conocerme, para dar y recibir.

Con la misma falta de pretensión que me hizo espectador de su brillante actuación (porque lo suyo no deja de ser un acto escénico), yo le dije, al final, qué me había parecido. Creo que la palabra, que le falta al castellano, como tantas otras, es esta: despretensión. Como no hubo pretensión, no hubo falsedad, y por eso pudimos seguir conociéndonos a un ritmo del que, en ese momento, no fuimos conscientes porque empleamos el tiempo en disfrutar de la transparencia de la compañía del otro. A veces no hace falta nada más.

Es increíble cómo la eliminación consciente de los filtros que nos imponemos, esas pequeñas censuras que nos hacen modificar lo que decimos, ese quitar capas, nos hace ganar mucho tiempo. Muchísimo. En primer lugar, porque no perdemos más tiempo de la cuenta en quitárnoslos; segundo, porque accedemos mucho antes a una escucha del otro que nos permite aprender en profundidad de sus estructuras, anhelos, opiniones sin filtrar, miedos sin avergonzarse, fantasías sin autocensura.

Después de una cena ligera le acompañé a la puerta de su casa. Y quizás éramos un hombre heterosexual y un hombre homosexual que pronto saltaron el muro de la vergüenza, de lo que pensarán, de que la marica se quiere aprovechar del otro, que quizás no es tan macho como parecía, y toda esa vivencia triste y tóxica, ese corsé moral enfermizo que tanto angustió mi juventud y para siempre me ensombreció la mirada. Quizás por eso algún amante me haya dicho que cuando sonrío mi rostro se ilumina. Y es que no hay nada como la alegría interior, que cuando se desborda se transforma en sonrisa para saber cuándo estamos siendo quienes realmente queremos ser.

SUCEDIÓ AYER

Como un reloj, pasados diez días de interrumpir el suministro del inhibidor de testosterona junto al estradiol y la progesterona, sentí primero un vigor casi olvidado, menos frío, un impulso que me agitó desde el interior, una ola de calor vital que me abrasó la mente desde las gónadas. Por algo así habrá dicho Morrissey que ciertos tíos tienen los sesos entre las piernas. Yo no pensé con mis gónadas, pero ellas atrajeron mi voluntad hacia allí. Me aparté de lo que estaba haciendo, encendí el ordenador, abrí una página porno, escribí en el buscador las palabras indexadas a mis fetiches más recurrentes, le di al play a un vídeo, no me gustó, pero este otro quizás, otro, y otro más, qué aburrido todo, pero luego un trozo de este cuerpo, otro de aquel, esa voz, esa manera de hablarle, esa corrida abundante, ruidosa, y tras el telón de la pantalla, mi mirada *amateuse*, protegida, *voyeuse*, porque la facilidad excita y tocarse es muy fácil cuando nadie nos ve. El secreto mal guardado del consumismo sexual. Ese comercio tan poco justo.

Frenesí viene del griego *frenesis*, que quiere decir delirio. Ahora lo usamos para hablar de un movimiento convulso, atropellado, incontrolable.

Me apreté suavemente las bolas, dos dedos resbalaron hacia el suelo pélvico para presionar justo el perineo, jugué sin pensar con mi sexo entumecido, recuperando el dominio primate de la ausencia de nobleza o sentido del ridículo. Tuve un orgasmo maravilloso, contemporáneo, sincronizado con las muecas de placer en el cristal ultraplano. Cuerpos allanados como la Tierra antes de Eratóstenes, migajas de color, píxeles conspirando con mis recuerdos a través de mi retina, cargando de fantasmas mis terminaciones nerviosas hasta hacerme temblar de placeres turbios como cristales empañados por un vaho ardiente, húmedo, durante largos segundos, tan largos, orgasmo en cámara lenta, oscura, herencia de Hannah, seguro, orgasmo sensible, a flor de piel, como si todo mi cuerpo esperara ese temblor, ese vertido, ese derrame sin sangre ni testigo, inútil, valioso. Cuando me toco ya soy la misma. Mi forma de contármelo, escurridiza, y de compartirlo, sin reparo ni vergüenza. ¿Será esto la euforia de género?

Ahora, sentado frente a una pared, me observo ante el espejo de las letras. Sigo escribiendo tal como volví a casa: ni despacio ni deprisa. Recuerdo otra noche de sábado en la que regresé a otra casa, pero desde la misma oficina. También recuerdo haber pasado delante de un local de ambiente y no haber entrado porque Hannah no tenía ganas de hacerlo. Esta noche tampoco entré en ningún local de ambiente, pero continué más allá de la jornada laboral con un grupo de compañeros, un grupo reducido, de una extraña familiaridad, y entendí cuán importante es este trabajo para mí en este momento concreto de mi vida. Es fundamental que Hannah pueda existir allí también, que pueda estar sentada en esa silla haciendo su trabajo, sumergida en miles y miles de imágenes, aturdida por fragmentos musicales y tantos otros sonidos, empapada de impulsos, estímulos. Es necesario que Hannah pueda estar cómoda, que no tenga que pedir permiso para ponerse una blusa en cuya etiqueta se lee: *moda mujer*. De hecho, pedirlo sería absurdo.

A Hannah solo le importa encontrarse atractiva como el hombre nuevo que se siente ahora y hacia el que un día caminará a pasos más seguros. Hannah no quiere morir ante la reaparición de un Nombremuerto, su Él anterior; ni puede: Él cedió todos sus derechos a Hannah cuando inició su diseño conceptual, y luego se dispuso a hormonarla para darle cobijo. Los textos son ahora propiedad de Hannah porque ella es la corporación y todo lo que era de Él le es también debido. Ella, a su vez, no es propiedad de nadie, sino tan solo, quizás, y en una pequeña parte, propiedad de Bayer®, no porque la farmacéutica tenga algún derecho de propiedad sobre ella, sino porque ella conserva la huella de las propiedades de sus productos con sus marcas registradas, y una marca registrada es, en cierto modo, un nombre propio. Por otra parte, un cuerpo que volvió a producir la hormona para la que parece estar biológicamente diseñado es un cuerpo que ya no le debe apenas nada a la química que lo modificó por un tiempo de forma artificial.

Lo que sí permanece, más allá de la experiencia, esa palabra tan esquiva y maltratada, es el poso del aprendizaje menstrual: Hannah pudo intuir algo de ese ciclo y, con ello, renunció a la creencia de que el sexo no existe. El género no existe en la naturaleza; es un producto de nuestro lenguaje, que también cambia y hace tránsito. El sexo, sin embargo, existe en los cuerpos y, debido en gran parte a la dimensión grotesca de esta construcción social, es muy distinto vivir bajo un régimen de sexuación u otro. Ojo: no hay solo dos regímenes; lo masculino y lo femenino son suficientes para nombrar realidades con tendencia reproductiva, aunque no fecunden, pero no bastan para describir el potencial de creación de lo humano. ¿Hannah es mujer? ¿Vive ella en mí, todavía? Al igual que la mayoría de los nombres, Hannah acarrea un género gramatical, así que se lo preguntaré a mi lengua.

Mi lengua materna es el portugués, impuesta, por lo tanto, como mi Nombremuerto. Llevo ya catorce años en Cataluña, que tiene algo de país trans con su cuestión identitaria y su bilingüismo, y siempre me dirigí a los demás en el idioma de su elección, pero cuántas veces me pregunté: y mi elección, ¿dónde está? Por circunstancias varias, sobre todo durante los primeros años, el catalán fue mi primer idioma, hasta el punto de que, al cabo de cinco años, recuerdo haber empezado a soñar en catalán. A día de hoy, no sé si aún lo hago porque pasaron muchas cosas con mis sueños, tantas que podría escribir otro libro. A veces pienso, medio en secreto que ahora deja de serlo, que mi lengua aún está por habitar, aunque la hable, y que quizás sea el francés: fue el primer idioma extranjero que escuché en casa porque mis hermanos lo estudiaron y porque era el idioma cultural por antonomasia; fue el tercero que aprendí, a partir de los doce años; en el que hice casi toda la carrera y con el que suelo trabajar. Empecé a aprender idiomas que abandoné enseguida, como el ruso y el hebreo, al cabo de un par de meses, quedándome solo los alfabetos, y mal, o el chino y el euskera, de los que no retuve más que el saludo, gracias, y alguna palabra suelta, algo parecido a lo que pasó con el neerlandés, por inmersión lingüística temporal, y con el italiano, que leo sin mucha dificultad, casi como el gallego. El alemán y los idiomas escandinavos, al igual que los de Europa central, siempre me resultaron distantes, por no hablar de aquellos de lugares más lejanos, como el farsi y el hindi, o más específicos, como el gaélico y el bretón. Y, por supuesto, me fascina la sonoridad del turco, idioma-puerta por excelencia, a caballo entre dos mundos imaginarios, Occidente y Oriente, soportando una historia grandiosa y fascinante. A semejanza del francés, parece moldear los labios de quienes pronuncian sus palabras, como si un espíritu sorteara la tentación de banalidad para imprimir al aire exhalado la fuerza de un embrujo, por muy superficial que sea el tema de conversación o del discurso. Quizás por falta de ese embrujo, de esa magia que debe formar parte de mi vida futura, porque quiero ser cada vez más artífice de ella, no cuajó del todo mi integración en un país dividido entre la intención de asimilar y la tentación de excluir, donde se habla de ser inclusivo en proporción inversa a la que se nos invita a casa de los autóctonos, aunque una ya les haya invitado varias veces a la suya. Me quedo así con lo transitorio como regla, no por falta de compromiso sino por necesidad de apertura: entre pertenecer a un lugar y no ser de ninguno; entre contestar en el idioma en que me preguntan y hablar siempre en el mío, que solo algunas saben escuchar; entre el género gramatical femenino y el masculino, mareando las expectativas de las mismas personas que confunden la religión con la verdad, da igual que su religión sea la cristiana o la del Barça, el veganismo o el islam. Así rezaba Teresa Salgueiro en «A minha canção» de Madredeus:

Tanto que pasé,
Tan lejos de allí,
Que en mí un país construí.

Mi lengua, como yo, es transitoria —como yo y como la vida—. Está en proceso de creación hasta el día del descanso. Y como no creo en la reencarnación, pienso hacerme varias vidas menores con la única que me dieron.

HOY TIENES CARNE FRESCA

Así bromea un compañero de trabajo, padre de familia, que aún se confunde con mis gustos particulares, pero cree que prefiero los hombres, aunque Hannah haya hecho tambalear el concepto que tiene de mí. En el punto álgido de la sustitución hormonal, en los días de progesterona, me sentía atraída por hombres con coño. Me volvían loco, era algo que no podía evitar. No pensaba en sexo, solo en mirar por internet su forma de masturbarse que me resultaba admirable, sus gemidos entrecortados y eyaculaciones generosas. La carne fresca, según las palabras de mi compañero, era un chico escandinavo bien arreglado, con un cuerpo atlético, cierto aire de intelectual y pluma delicada que hará las delicias de muchos gais, aunque no las mías.

Lo que me pone de verdad es la gente que me mira a los ojos. No con cara de loca, de manera obsesiva, como si detrás de mí solo hubiera una cortina de terciopelo negro. Mirar a los ojos como quien escucha, escuchando como quien habla. Hay que dejar el móvil. Ser analógicos. Hay gente que para no volverse analfabeta digital se vuelve analfabeta de todo lo demás, y se transforma en el perro que el móvil saca a pasear. Perro, tócame. Perro, no te vayas. Come, perro. Ahora te diré el camino. Ahora sales a mear y de paso deberías ligar porque los perros no deben estar solos. Por suerte hay pocos perros donde yo trabajo, quizás porque vamos de tecnología hasta las cejas. Dentro del conjunto de los que miran a los ojos y no apartan la mirada, y pueden incluso soportar los matices de humor, ironía, conocimiento y demás complicidades sin pestañear ni interrumpir la mirada cuando una de los dos tenemos que tragar saliva porque hay algo que se mezcla y no sabemos muy bien lo que es, dentro de ese conjunto está el subconjunto de quienes tienen cosas que decir, cosas profundas. Suelen ser los mismos que saben escuchar. Poder comunicarte con alguien que no conoces personalmente, pero con quien compartes el lugar de trabajo mirándonos a los ojos sin filtros ni vergüenzas ni salidas de tono, y poder decirnos cosas que importan, aunque sean pequeñas, efímeras y tengan que ver casi siempre con el trabajo, eso es un lujo en este mundo de perros.

Los demás pueden estar conformes con los cánones prescritos, con los más reincidentes estándares de belleza, pueden parecer ángeles (como uno de mis compañeros, que parece haberse caído del techo de la Capilla Sixtina para deambular entre humanos como su aura de pan de oro), pueden ser demonios, bestias en celo, pueden recordar a algún actor porno que a su vez se parece a aquel vecino con el que no hay esperanzas, o a aquel presentador de la meteorología que cada vez que sonríe mueve un anticiclón; si no saben hablar, si no tienen nada estimulante que decir, pero sobre todo si no saben mantener la mirada, no me interesan. Analógicos, ¡por favor! Gracias.

Ahora bien, en el ámbito de las fantasías, la mejor, para mí, es sin duda la de los imposibles. Un chico que esté claramente fuera del campo de posibilidades porque tiene pareja o simplemente no le gustan otros chicos tiene para mí el perverso atractivo de ser inalcanzable, con lo que todo lo que pueda pasar entre nosotros está contenido de antemano por los diques del desencuentro de orientaciones: lo que yo busco, él no me lo puede dar, y estoy a salvo de sus deseos. Ambos lo sabemos, o no; y no diré que una situación me resulta más excitante que la otra porque no lo sé. Me encanta mirar a los ojos a M., que se deja saludar y ser sonreído, y el hecho de enterarme de que tiene novia no cambió nada en la cualidad de nuestras miradas cómplices, en la resulta muy evidente de que parte de su goce es saberse deseable por mí, y tener la suficiente confianza en ambas posiciones, la mía y la suya, como para seguir con el mismo juego, sin cambiar nada. Sin embargo, J., del que no sé apenas más que su nombre, me lanza de vez en cuando su mirada sonriente, casi pícara, envuelta en un encanto de niñato en un cuerpo grande que es de lo más abrazable. Sin embargo, como no tenemos nada de que hablar, porque no sabríamos el qué, la cosa no va a más.

Hay días en que toca la lotería y no solo me miran a los ojos, sino que los pillo mirándome de arriba abajo, y sé que no tengo que interpretarlo como que me están tomando las medidas, sino que me están observando como una secuencia más de información. Todos somos información, y aquí más. Luego les digo que me apetece tomarme una copa aunque hace un par de semanas que no tomo nada de alcohol, y ellos, como señores que saben moverse bien entre lo sofisticado y lo gamberro, me empujan hacia esos placeres acotados pero no desdeñables, y acabamos bebiendo juntos y echándonos unas risas como si nos conociéramos mejor, las miradas se siguen cruzando y sabemos que todo es seguro, que el juego está controlado, que hay una hora de caducidad en la que todos tenemos cita, de nuevo, con la realidad —la realidad de no mirarse a los ojos, no hablarse, la realidad del miedo, de los muros y pantallas, que son casi lo mismo—. Pero mientras esa hora no llega, nos vamos revelando pequeños secretos a la velocidad de una *long drink*, larga pero consentida, se eliminan centímetros o quizás milímetros de distancia, nos miramos más de cerca y la mirada sigue sin apartarse, nuestras pupilas se dilatan por el encuentro siempre enigmático de dos almacuerpos, y todo sigue en su lugar, no pasa nada, el protocolo es excesivo, pero nadie cruzará líneas rojas. Nos instalamos en el placer afilado de reconocernos en nuestras penas y anhelos, cada uno en su lugar. Vamos perdiendo el miedo a ser deseados por quienes no deseamos y el miedo a desear a quienes no nos desearán jamás.

Al despedirnos, parecemos masones, pero sin debernos nada.

Estoy comiendo mierda

No tan mierda como comida basura, que también, porque fui un día al Kentucky Fried Chicken de Sagrada Familia a ponerme las botas con un menú tres piezas —*rebozado ¿original o crujiente?*, crujiente— con puré y Fanta naranja. Me supo a Santísima Trinidad, pero el Padre se me repitió mucho a la primera pieza, así que me empaqueté las dos piezas restantes y me las recalenté al día siguiente. Esto es muy raro. Algo está cambiando. Antes me hubiera zampado las tres piezas, siempre pido crujiente, nunca original (¿quién se pide original?). Original es quedarse con el rebozado de huevina y la misteriosa selección de especias. Nada que ver con el crujiente, una capa espantosa de grasa saturada que al morderla es como si estallara de felicidad uno mismo al ritmo peristáltico de unas Peta Zetas. Sonrío de tanta inmundicia. La comida basura siempre me hace feliz durante los primeros tres minutos desde que me siento. Después, empiezo a sentirme lleno. Luego, comienzo a tener visiones de gente con hambre y la culpa se mezcla con la *gravy*. Después, un par de eructos. ¿Será el gas de la Fanta o ganas de potar? Por fin, me levanto con más náusea que saciedad y al vaciar la bandeja es como si una parte del mundo se fuera al garete y el culpable fuera yo. Dicho esto, recalentar piezas de pollo de Kentucky Fried Chicken tiene algo de mérito, pero me niego a tirar la comida y el dinero que me costó. Estos días hice cosas peores, o mejores, depende del punto de vista y de vuestro nivel de empatía. Como cuando me hice una hamburguesa con carne picada por Ali, el famoso carnicero de la calle Rosselló, y a falta de pan rallado le metí más cilantro que carne. O cuando me tomé una imitación de Red Bull de marca blanca para acompañar unas patatas chips con salsa Espinaler, que es como tabasco catalán con sabor de anchoa, y unos restos de pera en almíbar, si no me equivoco. También fui un par de veces, o puede que tres o cuatro, a una panadería colombiana y pedí siempre, además del café con leche largo de café, una tarta de pan o dos buñuelos de queso o plátano frito con queso y guayaba, y me quedé insatisfecho porque las papas de carne están para comer y chuparse el dedo, con esa salsa picante que te traen a la mesa con cachitos de no sabes qué, acompañadas con zumo de naranja natural recién exprimido o un batido de frutas que solo existen en uno de los países que España invadió en su día, y te entran ganas de dejarlo todo e irte, aunque enseguida te entre la culpa porque ser pobre en España es duro, pero en el Sur global es peor. Tengo que volver a la tienda de Ali antes de terminar este informe sobre mi penosa alimentación, que seguro que tiene que ver con el alto a las hormonas femeninas y el adviento de la testosterona que me está convirtiendo en un auténtico macho latino en el sentido más estereotípico y bozal, y eso que los cambios gordos están por venir. El caso es que Ali, que ayer comprobé que aún tenía la carnicería abierta a las nueve de la noche, tenía una especie de chope halal. Yo es que veo un chope halal con un logo tan *vintage*, un gallito estilizado mucho más estirado que el de Le Coq Sportif, y me entra la nostalgia, aunque ya no me esté metiendo estradiol ni haya vivido en Marruecos. ¿Os ha pasado alguna vez sentir nostalgia por algo de un pasado que no es el vuestro? A mí sí, y no creo que sean vidas pasadas. Creo que es un tema de empatía estética como la que tenemos Ali y yo. Allí

estaba el chope mirándome, y yo pensé: lo voy a pedir, me lo me-
rezco, y estuve a punto de pedir el chope, las pastillas de caldo con
sabor a cordero y la leche de coco, pero pensé: frena, nena, que no
sabes cuánto te queda este mes en el banco, así que le pedí solo el
chope. Sorpresa: hay dos sabores de chope bajo la misma apariencia, el mismo envase. La diferencia es imperceptible, el diseño
es discreto: uno pone picante, el otro pone otra cosa. Otra cosa es
—vamos, tiene que ser— insulso, aburrido, medias tintas. Así que
picante, Ali, picante. Llegué a casa, me aguanté unas dos horas. Heroico, tío, heroico. A falta de pan buenas son tortas, pero, como no
tenía tortas, cogí unas medias noches que son como un brioche in-
dustrial nefasto en dosis individuales para gastar más plástico y joder el planeta un poquito más, les metí dentro unas rodajas de chope de pollo halal picante, aceitunas con relleno de ya sabes que no
es anchoa, todo adobado exprés con un chorro de mostaza, otro de
salsa Espinaler —que es como tabasco catalán con sabor de anchoa
(lo dije antes, ¿verdad?)— que aún le falta sabor, y no le metí un
huevo duro cortado en rodajas porque lo tenía que hervir y estoy
de un vago machirulo que me hace temer lo peor cuando suba la
testosterona y me veáis peinado como un Ken de extrarradio poniendo cara de heteroflexible. Picante, Ali, picante.

EL TIEMPO APREMIA

Mañana a las 8:50 debo ir en ayunas a que me saquen sangre. El médico me dirá qué me hizo Hannah, la en pecado concebida y sin regla menstruada. Esa Hannah físico-química ya no es solo una parte de lo que fui estos últimos meses; es parte de mí y yo soy, en parte, ella. Me cambió el género, la raza, la nacionalidad. Me lo creo porque hay mucha gente que ya no me ve tan hombre, ni tan blanco, ni tan de aquí. Esa gente a la que ya no veo tan abierta, ni tan inteligente, ni tan merecedora de mi tiempo.

Tras el primer atracón de pornografía, fugaz como el batir de alas de un ángel colocado de anfetas, no volví a tener ganas de sexo. Supongo que la testosterona estará ahí, pero quizás permanezca inerte. O quizás Hannah no quiera marcharse. Sin embargo, me parece injusto y falaz identificar a mi femenino con la desgana erótica, ya sea con mi cuerpo o con otro cualquiera. Digo *mi femenino* porque *mi yo* es un error. El yo no nos pertenece. Nos lo van haciendo, como la comida preparada, la ropa o las promesas electorales. Pero ahí está Hannah, ahí está su presencia como si unas hormodrogas, permitidme el neologismo, como si unas hormodrogas me programaran para atravesar una divinidad femenina, diosa de la fecundidad, sin que ella misma necesitara emparejarse. Ella se hizo fecundar por el paso de los días, nada más. Y dio a luz un nuevo Nombre, un hombre, creo, los demás dirían que es niño porque tiene pito, pero esta persona tiene su propio género, que es el que le conviene.

No sería capaz de escribiros ahora y aquí unas tres, cuatro o veinte líneas sobre la relación entre género y sexo. No sabría, sobre todo, porque estoy cansado: cansado del esfuerzo de intentar encontrar el equilibrio entre mi rareza y el orden mundial, la manera como las cosas fueron dispuestas, el poco margen de maniobra que tengo para ubicarme de una forma satisfactoria o por lo menos que me salve de ser engullido y aniquilado, que es lo que suelen hacer los filtros de Instagram y otras herramientas de uniformización en esta gran cocina del fascismo de mañana. No temáis utilizar esta palabra, porque de eso va Hannah: de resistir, mientras se pueda, el maremoto de la uniformidad, que va de la mano con el sometimiento, el vacío y la irrupción de un poder total, que aceptaremos como algo bueno porque es necesario, es decir, malo pero inevitable porque no actuamos a tiempo.

La gran ola avanza rápida para lo que es el ritmo de la historia, pero muy lenta según nuestra percepción, tan lenta que no cambiamos nuestros comportamientos. Seguimos como corderos la corriente letal, dejamos de hablar del cambio climático para hablar de naciones, ¡una nación, por favor!, oigo pedir como quien pide un café. O libertad, o independencia, como si fuera un ajuste menor, corto de café, para no estar tan despiertos, en vaso de cristal, para que se rompa fácil. Y gente que pide, mucha, la que da de comer a la ola. Corderos.

Me costó mucho trabajo y algunas enemistades darme cuenta de que las naciones, al igual que los géneros y las razas, tampoco existen fuera de la necesidad de crear jerarquías. La nación no existe. No es real. Ninguna nación lo es. La nación que se afirma oprimida no es más real que la que oprime, ni a la inversa. Se puede decir que el género es una construcción discursiva, que la raza es un sistema de clasificación artificial. Pero yo quiero saber en qué se basan los creyentes del nacionalismo, de uno cualquiera, para admitir que con su nación pasa algo distinto. Yo no soy quién para negarle a un pueblo su derecho a la autodeterminación, como nadie es nadie para hacerlo, pero puedo preguntarle a alguien cuál es su pueblo, y qué le hace pensar que pertenece a uno. Puedo hacerlo como puedo preguntarle a alguien cómo se llama o qué pronombre prefiere. Otra cosa es preguntar qué genitales tiene o, lo que es igualmente irrespetuoso, si se ha operado. También puedo preguntarle a alguien de dónde es, aunque es una pregunta cargada de un prejuicio sobre su aspecto físico o su acento, por ejemplo. Pero ¿preguntarle a alguien por su nacionalidad? Si lo que mueve esa pregunta no es el prejuicio, no veo el problema. Los demás me la pueden hacer, desde luego, y se la puedo contestar, además, porque pertenezco a un pueblo, un pueblo sin nación, pero un pueblo. La dificultad, para mí, está en el sentido del verbo pertenecer, que no es un verbo de acción sino un verbo de destino. Un verbo de *fado*, no de rebaño.

Mi pueblo no tiene nación, y quienes aseguran lo contrario viven todavía en una fantasía infantil porque necesitan unos padres o, en su defecto, unas instituciones que les digan quiénes son. De ahí que el problema de la nación sea tan irreal, a la vez que tan importante, como el del género. Son delegaciones, limitaciones de responsabilidad para que otros decidan por mí y mi identidad no sea cosa mía. Creo que es un error delegar la creación de nuestras identidades y la realización de nuestros sueños en gente que nunca pudo ni podrá hablar por nosotras. Es por eso que hay que empezar preguntándose qué es un pueblo. Después, hay que aprender que la autodeterminación es como la autoayuda y el autoerotismo: si alguien te echa una mano, olvídate del *auto*: algo de ti ya está en manos de otro. Si tiene que venir alguien a hablar por ti, a decir aquello en qué crees, no te engañes. O sí, y sigue creyendo que eres hombre o mujer, de esta raza, con este credo, hije de este país al que tanto amas, como a un padre sin duda, y todo lo demás que te quepa en el imaginario. Te deseo suerte: ni los corderos lo tienen fácil.

¡Sion!

Me llamó por mi nombre susurrándolo, dándole mordiscos como si fuera un manjar. El día antes me confesó que el sexo le había parecido de lo más normal. De no haber sido por mi nombre, no me hubiera pedido el número de teléfono. Tampoco me hubiera invitado a tomar un chocolate caliente y luego a cenar. Al final, dormimos juntos tres noches seguidas, algo poco habitual tratándose de un ligue. Tres noches, ni una más, todas consecutivas, como quien encadena un entrante, un plato principal y un postre, con dos días de por medio.

El primer despertar supo a novedad. Aún no sonaba en mi teléfono Elbernita Clark cantando «Awake o Zion» para recordarme, como cada mañana, que ahora me llamo igual que una montaña de Jerusalén, y ya estaba él comiéndome las orejas. Lo hacía con la avidez de un amante que sabe hacer sentir deseado al otro, lo cual no es tan simple como desear sin más. A la vez me instalaba en ese lugar histérico donde el futuro se acorta porque uno se siente, lástima, demasiado deseable, y cuando el deseo del otro no solo se da por hecho, sino que empieza a ahogarnos, es cuando ese otro deja ya de hacer falta a nuestro deseo, que necesita, justamente, algo que desear.

Todo comenzó con una pastilla, al igual que cuando empecé a escribir estos diarios. No fue Androcur®, sino Viagra®. Después del Testogel®, que me aplicaba religiosamente a diario, me pasé a la testosterona inyectable, Testex®. Cumplido un año de este viaje desde el duelo de Nombremuerto hasta llegar a esta montaña, pasando por Hannah, especie de madre que me parió, dejé de presentarme en el centro de salud para que me pincharan la nalga. De eso hace ya dos meses. No tenía sentido continuar: mis testículos se estaban volviendo vagos y la testosterona en vena no me aportaba nada más que el ritual, vuelto rutinario, de hacerme pinchar.

Miento; no *todo empezó con una pastilla*. Antes de la pastilla hubo, en los últimos dos meses, una serie de ajustes necesarios, llenos de ensayos, de secuencias de prueba y error que no suelen quedar bien en el papel, ni siquiera en un diario. Pero estos diarios son feos, de algún modo; no pueden ser bellos como quien imita un ideal porque no hay un modelo a seguir. Eso es lo que hace que Hannah, que pocas personas entendieron como una acción artística, siga viva. Hannah nunca existió como cuerpo que nace, vive y muere como los demás, sino como concepto, y ese concepto encontró en mí un cuerpo disponible donde habitar, ser observado, un cuerpo donde experimentar y ponerse a prueba, un cuerpo que pudo ser modificado y compartido, en texto y en sexo.

Hannah se dio a conocer a quienes fueron testigos de mi cuerpo modificado, o leyeron estos diarios motivados por su revelación. Como si de una experiencia mística se tratara, el cuerpo permaneció intocable e intratable, resistente a cualquier intento de clasificación, reacio a ser contado por alguien que no fuera Hannah porque ella, por voluntad de ambas, se adueñó de mí por un tiempo. Pero si la revelación se hizo texto y pude en estos diarios dar cuerpo textual a lo que sentía digno de ser compartido, persistía la sensación de un deseo no cumplido de orden sexual, y ese incumplimiento se fue materializando en una idea tabú: quizás en lugar de ver pornografía en solitario, podría volverme yo mismo objeto de la mirada ajena, *porno* del deseo ajeno. Sin embargo, al igual que transitar por el género, ese propósito o intención solo me atraía en un marco creativo, de creación artística, y el porno por el porno me resultaba potencialmente destructivo por el golpe que asesta al erotismo analógico, a la vida sensual con volumen, al encuentro de los cuerpos reales.

Así que, tras contactar con un conocido director de cine y no haber podido rodar una sola escena, me armé de Viagra® al cuarto intento solo para descubrir que no se trataba de lograr una erección o mantenerla, sino de algo distinto que no cabe aquí desgranar porque llenaría otro libro, quizás una especie de ajuste de cuentas con el psicoanálisis. Todos los comerciales de la psique que he conocido, honestos o charlatanes, trafican con el vacío ajeno en el plano intelectual. Ese vacío puede ser angustia, puede ser deseo, puede ser ausencia, puede ser nada. Es la mejor mercancía, sin duda. No pesa, es huraña, su valor es especulativo. Se presta al riesgo. Manejarla puede sustituir a un narcisismo, a una adicción cualquiera. Uno se queda enganchado a la posibilidad de que ese comercial que tiene delante ayude a revelar algo que uno mismo debería saber. Y así pueden pasar años.

Cuando me fui del lugar del rodaje, no sabía qué hacer con esa erección que podía ocurrir en cualquier instante y sentí la urgencia de convertir silfenidato en dispendio sexual. Así conocí al muchacho que se quedó prendado de mi nombre. La intensa actividad sexual suscitada por ese cuarto y último intento fracasado de rodar una escena que tenía más de artístico que de pornográfico y que por eso mismo no podía funcionar, y amparada por la pastilla que lo remató, sirvió para devolverme a la soledad de un tránsito de género tan artístico y genuino como incomprendido y apartado por esnob, por innecesario, por irrespetuoso hacia las personas que de verdad quieren hacerlo, como si la verdad debiera partir de un heroísmo, de una victoria sobre la disforia, sobre el propio cuerpo o sobre la sociedad, esa gran desconocida de la que todos somos parte. Mi verdad es la de un cuerpo al que el arte atraviesa sin pedir permiso con el único fin de reconocerse y revelar algo a quienes estén para servir de testigos.

La soledad, en sí misma, no es ningún fracaso. Es solo el signo de una espera.

Me faltaba traducir la vida de Hannah a algo que pudiera ser, como ella, leído, tomado como caso o inspiración, como quien hojea una revista de decoración siendo que su casa es su propio cuerpo, y siendo que esa revista está escrita en primera persona. Ahora podrán criticarlo, cuestionarlo, acogerlo quizás, y transformarlo como yo me transformé en un viaje ya sin regreso ni fin conocido. Pero iniciado.

Un masaje turco

Cuando ves algo que el corazón no puede soportar,
¿por qué lo pones en él?

Shams de Tabriz,
La melodía agridulce de los derviches girando

A Istanbul me vine en un vuelo barato de Lufthansa. Hice del límite de ocho quilos de equipaje un ejercicio de austeridad: un solo libro, un solo cambio de ropa exterior, ropa interior y comida para no tener que salir por la noche, el neceser y un paraguas pequeño. En el bolso de mano, el ordenador y el móvil, tabaco y pañuelos, dinero europeo y dinero turco, pasaporte y visado.

Por la mañana me puse la única ropa exterior que pensaba traer. Enseguida me hice una papilla de copos de miel que me gustaba cuando era niño. La traje de Portugal porque solo se vende allí. No sé cómo, se me manchó el jersey negro con el que presumo de Jack Kerouac. También me manché el pantalón de pana que siempre va bien en días fríos y en un país que supongo aún más conservador. Por momentos, vi en este incidente matutino un prenuncio de mala suerte. Pero enseguida deseché la superstición, me limpié el jersey y el pantalón lo mejor que pude y desafié el poder de sugestión de las señales domésticas. En el camino, vine leyendo a Martin Buber.

Desde el cielo, la visión del Bósforo me emocionó. Llegar a la capital turca tiene algo que me recuerda a las llegadas a Lisboa, tal vez por la común existencia de un río y por la cercanía del aeropuerto al núcleo urbano, que da la sensación de sobrevolar los tejados. Llueve con hartura. En el control de aduana, una policía que solo hablaba turco. A la salida, el chico de la lanzadera privada que yo había reservado con antelación se dirigió a mí con alguna solemnidad:

—Sion? Are you Sion?

Por primera vez me pasa por la mente el título *Un portugués en Istanbul*. Como *Un americano en París*, de George Gershwin. O como *Un extraño en Goa*, de José Eduardo Agualusa. «El desplazamiento implica valor», me dijo una vez el antropólogo James Clifford. Quizás sea cierto. Valor y riesgo

Lo que más me llamó la atención fue el aspecto moderno del aeropuerto Atatürk, plagado de pantallas, el abrumador atractivo de los turcos y, entre estos, la diversidad de bellezas femeninas: mujeres con y sin velo, unas luciendo, resplandecientes, vestidos o blusas llenas de brillantes a juego con maquillajes cargados; o con velo y pantalón del mismo color, y algún kohl más atrevido; o de riguroso velo integral negro. En su conjunto, parecen dibujar los contornos mismos de este país a caballo entre Occidente y Oriente, como lo recuerda el nombre, ya en época del Imperio otomano, de Sublime Puerta.

Mientras las observo esforzándome por mantener la discreción, como si me impusiera cierta censura visual, se me interpone un chico con cierto descaro. Podría ser un chapero, aunque me sorprendería. Desvío la mirada como si no lo hubiera visto. Vuelve el chico de la lanzadera acompañado de otro. Fuman con rapidez y estilo. Hablan y se ríen. Festejan. Pero no solo ellos. Los hombres aquí se tocan mucho. Parece que el *male bonding* es señal de hombría. Es evidente que no soy el único *performer* y tendré mucho que aprender de estas masculinidades. O no.

Mezquitas y monumentos, la Hagia Sophia, banderas turcas que se multiplican en las fachadas y por casi todas las calles, junto a imágenes de su moderno patriarca, Atatürk, anunciando el centenario de la joven república, dentro de unos cuatro años. Pasamos cerca de la plaza Taksim, donde el último Orgullo Gay fue reprimido con violencia por la policía, aunque la boyante industria turística del país también se beneficie de las romerías de hombres a los hamamlar, en búsqueda de purificación por el vapor de agua y de catarsis por el calor humano.

Al llegar al pequeño hotel familiar, antes que un merhaba, opto por un salam alyekum al que me contesta el amo, atento y sonriente:

—Alyekum salam, Sion!

Sting era un Englishman en Nueva York; Michael Jackson, un extranjero en Moscú; yo, un portugués en Istanbul que ha venido a hacer un encargo.

Esta mañana me despertaron los maullidos de dos gatitos grises de un sueño que ya no pude recordar. Una ducha rápida y la misma ropa de ayer. A un paso de la entrada en un bar-hotel, pregunté si tenían café, a lo que me contestaron una mujer abriéndome la puerta mientras seguía fregando el suelo, y un chico, quizás su hijo, que me hizo un brevísimo gesto de invitación a quedarme a la vez que se alejaba ya de mí para bajar unas escaleras. Tras un par de minutos en los que pude observar fotografías de antiguos huéspedes colgadas en cálidas paredes de madera que recordaban a algunos interiores escandinavos, volvía el muchacho con un café delicioso, a una temperatura ideal, cortado con leche, pero no en demasía: al punto. Lo saboreé como un verdadero regalo mientras un huésped de ese bar-hotel y yo mismo nos entreteníamos contándonos nuestros orígenes y motivos de nuestra visita a la ciudad. Él, sirio, ganándose la vida en Múnich y de visita en la capital turca por primera vez desde que, hacía años, fuera su ciudad de paso hacia una vida mejor. Al salir quise pagar, pero el chico me contestó:

—Free.

—Three? Three liras? (tres liras turcas son unos cincuenta céntimos de euro).

—No, free! It's free.

Este inicio de día me resultó mucho más prometedor que el de ayer, con toda mi ropa manchada. Cuando el agüero es de fortuna, da gusto creérselo. Otra buena señal fue que las calles de Fatih y Sultanahmed estaban llenas de gatos. En barrios más urbanitas, que no cosmopolitas, como el núcleo que irradia la plaza Taksim, dejan de verse. Solo más tarde me enteré de que el cuidado que la gente dispensa a estos felinos dóciles y abundantes es un reflejo de su piedad; y es que, en esta ciudad, el islam muestra un rostro más bien amable, quizás por influencia de un sufismo del que, sin embargo, otros creyentes recelan, por heterodoxo. El metro es un concentrado de sentidos, pero sin las especias del Gran Bazar ni el olor de cuero que envuelve las tiendas de curtidores, con sus pieles, bolsos y zapatos, entre Eminönü y la universidad. Las cámaras y los vigilantes se hacen muy presentes, además de los escáneres. Pero calcorrear por las aceras, que se agotan de súbito en alcantarillas, peldaños y desniveles insospechados, es una emoción superada apenas por el dolor feliz que me sobrecoge desde pequeño al ver tanta belleza humana. La diversidad me emociona; y al ver tan normalizados rostros que parecen más antiguos de lo que la tecnología puede soportar, expresiones de nomadismo que por alguna razón fijaron aquí sus destinos, no puedo sino reavivar la esperanza de que un recuerdo sutil calará todavía en una generación disuelta en cristales ultraplanos.

Ni siquiera mirando el móvil pude evitar perderme al bajar de Osmanbey. Me costó más de dos horas hacer un recorrido que, según Google, dura como mucho lo que una clase de yoga en esos gimnasios donde todo es exprés. Poco importa, porque mi destino era A., uno de los barberos cuyo trabajo como masajista más seguí en los últimos dos años. Aunque él mismo solo se considera un barbero que incluye en su servicio un masaje tradicional turco, su personaje público es todo lentejuelas; no por sus aspavientos, que no los tiene, sino por el brillo que naturalmente irradia con una contrastante modestia y hasta timidez. La belleza es la combinación mágica que se da cuando ciertas notas del recuerdo son hábilmente percutidas formando un acorde mayor, prístino, a la vez que indescriptible. Algo de eso que el concepto no puede asumir atravesó mi encuentro con A. desde los primeros instantes.

Aprendí a aceptar a jóvenes como maestros al comprobar la torpeza y cerrazón de mente de unos mayores supuestamente expertos y liberados. Estos abundan tanto entre feministas, anarquistas y psicoanalistas, como los fascinados entre la gente dócil y resolutiva, verdadero engrase del capitalismo salvaje. Pero cuando uno empieza el día en una ciudad que resulta tan extraña y bella (no sorprende que la llamaran Sublime), disfrutando cada sorbo de un café magnífico, que encima es un regalo de hospitalidad de desconocidos, nada más lejos que la toxicidad de las relaciones mezquinas. Episodios como estos me demuestran que si, viviendo en sociedad, uno renuncia con determinación a las relaciones digitales, las citas superfluas y compromisos que no lo son, las circunstancias favorecen encuentros alquímicos. Es la magia del retorno a lo analógico.

Como la alquimia que se dio entre A. y yo, mediados por un colaborador suyo que se prestó generosamente a recibir nuestro masaje a cuatro manos alternadas, y un amigo que hizo de puente entre el turco y el inglés y, más tarde, entre su islam y mi escepticismo, en una de esas conversaciones que, a la vez que le confirman a cada uno que sus propias elecciones son las que cree más acertadas, se quedan entre quienes las disfrutamos como un agradable secreto compartido.

No puedo daros detalles acerca del masaje porque eso, en este momento, sería precipitado. Si acaso, os daré el masaje mismo si llego a estar preparado. Puedo deciros que el encuentro superó mis expectativas más optimistas. A. me permitió recibir el masaje de sus manos, ver cómo se lo hacía a su colaborador, y observar, comentándolo, como se lo repetía yo; insistió en hacerme un descuento generoso por la formación; me dejó la puerta abierta durante los días que siguiera en la ciudad para que yo pudiera continuar viendo cómo trabajaba y, en alguna ocasión, practicar. En cambio, su amigo me hizo todas las preguntas que quiso para intentar comprender mis motivaciones, de qué forma el masaje me podía ayudar y servir a mis fines profesionales, que son principalmente terapéuticos. Le hablé de Freud, de la falta de apertura al cuerpo, de la danza y la hipnosis, del deseo de escucha, de la necesidad de escucha. Creo que él quería convertirme al islam, pero nada más lejos de un rancio o fanático proselitismo; entiendo que fue su forma de demostrarme su admiración más sincera. Quiso aun despedirme con el saludo que, entre los turcos, expresa mayor cercanía, antes de que mi propio cuerpo se fusionara de nuevo con las calles de Şişli, intuyendo apenas el camino de vuelta, como si masajeara la Puerta Sublime.

Hasta tal punto se parecen el merodear por la ciudad y la misteriosa danza del masaje que va mapeando los puntos sensibles que hoy no me perdí tanto como ayer. Voy aprendiendo a trozos el mapa del metro y sobre todo algunos ejes y plazas principales. Tenían razón los descubridores de escalas, esos místicos que se dedicaron a encontrar correspondencias entre macrocosmos y microcosmos o, cuando no, a inventarlas: el cuerpo y el mundo, el cráneo y la ciudad, archipiélagos y constelaciones, circuitos neuronales e itinerarios pedestres. Caminar y descubrir.

Esas escalas de conocimiento, fórmulas con regusto de ocultismo características de las Luces y las luchas que el iluminismo trabó contra las tinieblas de fes impuestas a hierro y fuego, resuenan estos días en mis lecturas y comidas. En Martin Buber, por supuesto, y en un artículo sobre dictadores y cómo el pueblo entrega su conciencia a líderes porque ya no quedan maestros; en el café turco, tan concentrado como el modo de vida, intenso, antiguo, resistente a la modernidad; incluso en cierto hedonismo velado por cotidianos estrictos. Así nos regalamos masajes en una barbería de Nişantaşı a la hora del hazan en la mezquita Hamidiye Meşrutiyet.

Me tomé el primer café del día con un enorme borek de queso, un hojaldre muy parecido a la masa fila, justo al lado de la universidad, luego otro en una pastelería de la calle Magdelyon, donde compré unas galletas de chocolate blanco y negro para A. y sus amigos. La verdad es que todos ellos son dulces y encantadores. Hoy grabé a A. dándole un masaje craneal y dorsal a un cliente tan exigente como amable. Nos tomamos tres o cuatro tazas de çay, el té negro rojizo del que aquí se abusa sin complejos, y afortunadamente, ya que el alcoholismo siempre me pareció un síntoma de sociedades deprimidas que no saben relacionarse sin anestesia.

Me invitó a una de las sillas de su barbería siempre cálida y pulcra, y me tocó y observó la piel del rostro antes de proponerme una mascarilla. Mezcló colonia en el exfoliante y luego extendió la pasta suave y perfumada que se formó y que me dejaría la piel como nueva. Para finalizar, me regaló otro masaje largo y purista, sabiendo que mi estado mental era la búsqueda de ese lugar entre el disfrute inevitable y mi deseo de retener el baile de sus manos, los movimientos precisos, los cambios de tempo, los puntos sordos que de pronto se convierten en oídos hacia el interior.

La resonancia de mis lecturas y escritos sobre mística, hace casi diez años, no es casual. Quizás fuera desconocida para A., pero eso no importa. Lo importante es que esta edad del mundo tan falta de calibración y espacios sapienciales se abra a la reconciliación de saberes que no están solo en la psique ni solo en el cuerpo, sino que desafían la frontera que artificialmente los separa. Por eso, acostumbrado a la perversión mercantil de los diplomas, al recibir de las manos de A. el certificado que acredita esta valiosa experiencia de transmisión de un saber que es tangible e intangible a la vez, me sentí mucho más feliz y sereno que cuando el tribunal académico me concedió el aparatoso título de doctor. Esto me hizo reflexionar sobre la farsa lucrativa en que se ha convertido la enseñanza institucional. Pero debo alejar estos pensamientos, quiero alejar esas memorias.

Este extraño viaje a Istanbul, durante el que no visité ni museos ni monumentos, ni siquiera el Gran Bazar, ni hice, en resumen, lo que se supone que hace un turista, lo motivó mi deseo de aprender, que convirtió este año en una etapa de viraje intelectual y espiritual. Recuperé el gusto por aprender idiomas, la pasión por la lectura, la confianza en mi capacidad de trabajo repetitivo y productivo y no solo artístico y analítico. El caso es que me vine a este lugar para aprender algo que no se enseña en un país como España, suficientemente industrializado para avergonzarse del pensamiento intuitivo y demasiado acomplejado para romper paradigmas. Pero hablando de cosas más alegres, mañana volveré a la barbería de A., donde nos daremos masajes a ritmo de çay, y luego nos despediremos. O no, porque estos diarios, y los días que cuentan, son imprevisibles hasta para mí.

Ahora me urge decir cómo la lluvia y sus diamantes atraen a un ángel funesto.

Con razón me llamaban un niño sensible, eufemismo clásico para homosexual. Y me hicieron heredero, por la fuerza, de los prejuicios, efectos colaterales de una moral piadosa que, de tanta preocupación por los que ven distintos, acaba prefiriendo que no existan. Algo de eso lo carga Hannah. Para algunas personas trans, ella es la transición fallida, invento de un artista cisgénero no lo bastante queer, no lo bastante patologizado, y quizás no lo bastante gay para ser admitido en el canon del discurso trans oficial. En todos los márgenes hay centros. En todas las minorías, corrientes mayoritarias. Por eso conviene elegir enemigos comunes, causas fáciles, comunidades poco numerosas ergo vulnerables, subjetividades aisladas. Dianas gratuitas. Hannah tiene las de perder: su transición no es oficial, hace preguntas molestas, dice cosas que molestan aún más, se salta las normas del transfeminismo al igual que las del heteropatriarcado, es un ente con discurso propio, una acción que encarna un discurso. Pero Hannah no pretende hacer lo mismo que los judíos cercados en Massada o que Walter Benjamin, quienes se suicidaron para no sufrir una vida miserable o una muerte aún más ignominiosa; aunque esta mañana la lluvia que cae en el asfalto no sea más que un torrente de lágrimas y diamantes; aunque lleve tres noches sin dormir porque las paredes de cartón del hotel barato donde me alojo me aíslan de todo menos de mi soledad; aunque lleve cuatro días comiendo pasta instantánea de sobre para gastármelo todo en el mejor aceite de oud que encontré en Istanbul; aunque haya tenido que esperar dos horas a que llegara el intérprete de mi maestro masajista y sin él no pudiéramos entendernos. No fue por eso por lo que esta tarde me acosó, mientras me alejaba de la orilla del Bósforo que abraza el pobre y monumental Eminönü, siempre detrás de mí, en dirección al flamante Nişantaşı, el ángel de la muerte. Me acosó porque en todas mis renuncias, en todas mis apuestas, permanece intacta la sombra de una herencia maldita. ¿Mala suerte? Quizás. Esa lluvia que, como un llanto de orfebre, espeja mi dolor contenido solo vierte una imagen, un prenuncio que me dice que todo es vano, que en todo salgo perdiendo, reincidiendo en mi mala suerte, por llamarla de algún modo, que dicen que tenía mi tío cuando jugaba. Y él jugaba por dinero. Y se mató un día. Por eso, cuando el intérprete, casi a punto de despedirnos, se emocionó, y con él su amigo, y me preguntaron qué sentía al escuchar un canto quránico, les contesté con lo que mi madre llama una mentira piadosa: «paz y compasión». No, no me transmitió paz ni compasión; me recordó la paz que solo el ángel de la muerte me promete y con la que me acecha, y la compasión que me falta cuando el deseo habla más fuerte e, insatisfecho, me hace odiar de nuevo al niño sensible que fui. ¿Cómo podría quererme si no me lo enseñaron?

Cada vez que me escriben personas preocupadas por mi estado anímico, se me aviva el dilema: ¿tengo derecho a sincerarme en estos textos que llevan el nombre de diarios, aun atribuyéndolos a una Hannah que solo vive en ellos? Quiero aclarar que no pretendo preocupar a nadie, ni tampoco dejar de hacerlo: Hannah es el nombre ficticio de la persona real que escribe estos diarios; es la afirmación de una parte de mi identidad que no siempre queda cubierta por el nombre real. Sin embargo, el diario es por definición confesional y, si no cumple con la verdad de los hechos, sí registra ensoñaciones y delirios en los que más de una vez me decís que encontráis afinidad con vuestros propios fantasmas.

No sé si se le habrá ocurrido a alguien que la célebre magdalena que Marcel Proust o, en su defecto, el narrador de *En búsqueda del tiempo perdido*, moja en el té, se pudo haber deshecho antes de que él pudiera llevársela a la boca. ¿Acaso no debe el agua llegar casi al punto de ebullición y servirse aun casi hirviendo para que la hierba la impregne de inmediato? No puedo dejar de pensar que, si Marcel juega a ser narrador omnisciente, como si de Dios se tratara, la magdalena no es menos que nuestra alma que Dios moja en el mundo para luego, sin explicación de ningún tipo, rescatarla hacia su boca. Algunos sobrevivimos al hervor, otros nos disolvemos por exceso de exposición, como la magdalena que se disuelve dejando en la taza un poso de migajas. O como una fotografía quemada.

Estos días, a medida que me dejo mojar de manera excesiva y lánguida, me vuelven fotografías quemadas, sensaciones de la ducha caliente en el hotel modesto donde dormí, de las comidas frugales, de los paseos largos, del hazan llamando cinco veces al día, cada día, a los creyentes a la mezquita. Pero a mí, ¿qué dios me toma de la mano para mojarme en el té del mundo? Tantas veces me sumerjo en una caída libre de la que asciendo solo por desliz inverso; tantas veces me paseo al borde de la taza aspirando a una vida mística, objeto de mofa de amigos que confunden la laicidad, que comparto, con un sentimiento antirreligioso, que me dice tan poco como los fanatismos.

Por eso me adhiero a la espiritualidad de los objetos volátiles.

Vengo sospechando que los aceites tienen un significado mucho más profundo que el que tuvo la visita que por fin, el último día, hice al Gran Bazar, y por supuesto que todas las lecturas que estoy haciendo sobre la base científica, u observable, de sus efectos sobre el estado anímico de los humanos. Me atrae que la unción con aceite sea la señal, por antonomasia, de la elección de un cuerpo por su alma. En el caso del ungido que los cristianos creen ser el mesías, es notable cómo la unción se fusiona con una ideología, hasta tal punto que Saulo de Tarso identificó la elección que esa unción representaba con una identidad excluyente, la del mesías que no podía ser más que uno, que no admitía réplica ni sospecha y se convirtió no en un modelo de santidad replicable sino en un amo supuestamente amoroso pero más tarde impuesto por la fuerza, ejecutándose en su nombre innombrables matanzas, entre ellas la Inquisición, el Colonialismo y el Holocausto. Así se utilizó a un discreto rabino galileo para forjar el cumplimiento precipitado de una profecía que, en realidad, ningún pueblo o religión puede secuestrar; ni siquiera el judaísmo, que antes que una religión es un tipo de relación con la ley y el deseo, con el tiempo y el mundo. A cuatro semanas de navidad y dos menos de janucá, no me sorprende que ese secuestro de la espera y del amor siga llegando cada vez más lejos y ahora sea una estación consumista en la que no hay dinero para calentar a los sin abrigo, pero sí para ofuscar a los paseantes con el brillo de promesas de felicidad demasiado caras y escurridizas.

El aceite es otra cosa. Es indisoluble en el té del mundo. Su precio es muchísimo más elevado, y su esencia completa no la puede pagar el dinero. Quizás ni el té blanco aguja de plata sea tan escaso como las resinas más caras o los almizcles más selectos. Y aquí el valor de la mercancía no es más que una señal simbólica, un vago simulacro de su función sensorial. Como una droga, pero sin el factor destructivo del fármaco, la unción con un aceite determinado, fruto de un sabio linaje de elecciones concretas, parece un vehículo de trascendencia, éxtasis, ascensión del estado del hombre a dios, y de humanos con género a humanidad en tránsito. Personas capaces de crear relaciones nuevas. Personas que no se rigen por palabras impermeables.

El cuerpo es poroso, transitado por otros, antes incluso de transitar lo que sea. No se deja decir ni escribir, pero el aceite puede penetrarlo. En sentido metafórico y material.

Me levanto de golpe hacia la estantería, abro el frasco de aceite de sándalo que, con su esfera en la punta, parece un bolígrafo y, con mi mano, firmo mi nombre elegido desde la parte anterior de la oreja hasta la nuca y compruebo que el origen de los rituales es aleatorio. La tarea de ungirnos, esa es urgente.

21 de septiembre de 2018-16 de diciembre de 2019

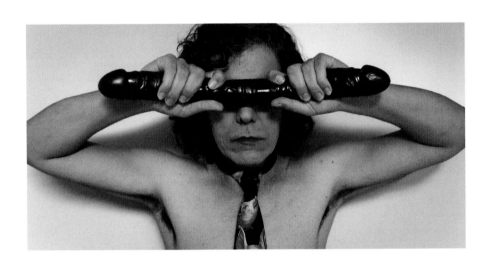

Epílogo
La sonrisa sin el gato.
A propósito del deseo trans
Laura Llevadot

La Paloma no cree a Alicia. Está absolutamente convencida de que es una serpiente. Ha visto muchas niñas antes, pero ninguna con el cuello tan largo. Además, come huevos, igual que lo hacen las serpientes. El problema es que Alicia, con tanto crecer y decrecer, con tantos cambios físicos como ha sufrido en este maravilloso mundo, tampoco está muy segura de saber quién es:

—Bueno, ¿qué eres, pues? —dijo la Paloma—. ¡Veamos qué inventas ahora!
—Soy..., soy una niñita —dijo Alicia llena de dudas, pues tenía muy presente todos los cambios que había sufrido a lo largo del día.

Para salir del entuerto Alicia volverá a mordisquear las setas, pero lejos de devolverla a su estado original, si es que lo hubo alguna vez, ese acto la empujará a nuevos y equívocos encuentros. Gatos de Cheshire, Liebres de Marzo, Reinas ávidas de cortarle la cabeza. La identidad de Alicia no está nada clara, ni para ella ni para los demás. Tampoco su deseo. Cuando le pregunta al gato por el camino a seguir ni siquiera sabe a dónde pretende llegar. Hacia un lado, está la casa de un sombrerero; hacia el otro, la Liebre de Marzo. Como jamás ha visto ninguna, es allí a donde se dirige. No hay otro motivo. Como Hannah, Alicia no tiene un destino preestablecido al que llegar, anda en trance. El problema, sin embargo, se lo pone la Paloma, es decir, lo plantea un otro convencido de saber quién es y que ha decidido de antemano que Alicia es en verdad una serpiente dispuesta a robarle sus huevos. Resulta asombroso ver como Lewis Carroll supo comprender y retratar tan bien el fenómeno trans, que todavía no existía. Maravillas de la lectura, las claves para comprender lo nuevo nos llegan de muy atrás. Bastaría con querer leer.

Lewis Carroll escribió *Alicia* en 1865. La comercialización de estrógenos para uso clínico se inicia a partir de los años cuarenta del siglo pasado. Antes de abalanzarse contra el mercado neoliberal de hormonas, el lobby *queer* y los procedimientos quirúrgicos; antes de denunciar el gesto soberano que supone la modificación del propio cuerpo; antes de alertar de los peligros que implica tocar «lo real» del sujeto, porque resulta que el sexo es para algunos psicoanalistas lo único real frente a todas las construcciones simbólicas; antes de acusar a los sujetos trans de ser los únicos que creen en el binarismo..., hay que reconstruir el contexto en el que los hongos de Alicia van a ser comercializados para modificar o aumentar, no ya la estatura o la longitud del cuello, sino la identidad de género. Carroll no había pensado en eso, en hacer pasar a Alicia por un cambio de sexo. Su afición a las transformaciones topó con un límite más anglicano que lógico. Le gustaban demasiado las niñas. Cosas del viejo mundo en el que lo real del sexo sí se respetaba.

En primer lugar, hay que tener en cuenta que, como explica Preciado en «Biopolítica del género» (2009), los primeros implantes de pecho se llevan a cabo en prostitutas japonesas con el fin de adecuarlas a los gustos de consumo heterosexual de las fuerzas armadas estadounidenses. Es decir que, en nuestra cultura, el uso de hormonas e implantes sí está aceptado siempre y cuando aumente, pero nunca modifique, la identificación de género según los estándares occidentales, o latinos en la actualidad, y sirva para la satisfacción del deseo masculino, por supuesto, también estandarizado. Está de más señalar, por lo tanto, que el estándar heterosexual de feminidad está fuertemente vinculado al colonialismo, la guerra, la explotación sexual de las mujeres y la raza, y que fueron mujeres orientales las primeras en someterse a los tratamientos quirúrgicos y hormonales que hoy están al alcance de cualquiera que pueda permitírselo. Las setas de Alicia se sexualizaron, racializaron y comercializaron mucho antes de la llamada revolución trans que tanto parece preocupar, y el supuesto sujeto soberano convencido de poder modificar su propio cuerpo fue, en realidad, un sujeto sometido al deseo de la masculinidad yanqui, putera y militar.

En segundo lugar, las intervenciones quirúrgicas de cambio de sexo se vienen practicando desde el siglo xix, como ilustra el ya famoso caso de Herculine Barbin que Foucault sacó a la luz. Si se hacen estas intervenciones a sujetos considerados hermafroditas es porque a partir del siglo xvii hay una preocupación creciente por la cuestión de la sexualidad y de la identidad sexual. La transexualidad es concebida, en ese momento, únicamente como la solución médica a una condición intersexual que, de algún modo, ni el individuo ni nuestra sociedad parece poder admitir. ¿O, quizás, el individuo sí? Herculine se suicidará poco tiempo después de su reasignación de género masculino, mientras que su vida gozosa y ambiguamente lésbica en la sociedad monacal a la que pertenecía no pareció causarle tanto sufrimiento. La diferencia sexual, como dispositivo de subjetivación, comienza en este momento y Herculine Barbin es su síntoma. Siempre hubo mujeres y hombres, dimorfismo sexual, pero nunca fue tan importante identificarse con el propio género hasta el punto de que los expertos en «identidad sexual» decidiesen afilar el bisturí. A partir del siglo XVII, la diferencia sexual, es decir, la identidad sexual según la cual los sujetos deben identificarse con un solo género y un único sexo verdadero, se convierte en imperativo. Es a esto a lo que Foucault denomina «dispositivo de la sexualidad», que es histórico y tiene por finalidad el control de la población mediante su clasificación biológica.

El tercer hito histórico digno de ser tenido en cuenta para la cuestión que nos ocupa ocurre en 1958, cuando Stoller y su equipo diagnostican de hermafroditismo a una tal Agnes y le practican una vaginoplastia para restablecer la «relación original» entre su sexo y su género. Se les escapa, sin embargo, como señala Preciado, que Agnes, por femenina que apareciese ante todos los minuciosos exámenes clínicos, les ha mentido desde el principio. Todo comenzó en la adolescencia, cuando a los doce años, de hurtadillas, este muchacho empezó a tomar los estrógenos que le recetaban a su madre. Un deseo trans impulsa a Agnes a hacerse pasar por hermafrodita con el fin de que la institución médica ratifique su «sexo verdadero». El problema no es, sin embargo, un error de diagnóstico, la confusión por parte de eminentes médicos de un caso de disforia de género por uno de hermafroditismo. Lo interesante es que el caso de Agnes pone en cuestión el discurso médico, aquel que presupone que el sexo es el elemento fundacional del género y que en caso de desacuerdo extremo hay que modificar el sexo para que se adecúe al género. Esto mismo es lo que hará pocos años más tarde el doctor Money, a quien debemos la invención del concepto de «género», en un caso célebre de reasignación de sexo a un niño no hermafrodita que había perdido el pene accidentalmente. Motivo suficiente, parece ser, para reasignarlo como mujer. ¿Qué sería un hombre sin su pene? Imposible. Un monstruo, sin duda. Tremenda, la racionalidad médica. Money, Stoller y toda la *troupe* de la Paloma han decidido que, o bien Alicia es una serpiente, o bien hay que cortarle el cuello.

Pues bien, lo que dice Agnes a los médicos —y lo dice sin decirlo, escondiéndolo, robando, falsificando recetas— es que ella por sí misma puede modificar su propio sexo. Ella solita, por cuenta propia, hará uso de los estrógenos que el mercado había reservado inicialmente para afianzar la feminidad de las mujeres, en su origen prostitutas, nada menos. Todo un *détournement*. Ironías del dispositivo, al modificar por sí misma su propio sexo muestra con ello que el fundamento no lo es. El sexo no es lo real inmodificable, no es la base sobre la que se construye el género y, sobre todo, no es eso «verdadero» que los médicos creen poder establecer.

De estos tres casos históricos podemos extraer, entonces, las siguientes conclusiones que nos permiten reconstruir con algo más de perspectiva el contexto del actual deseo trans: que la biotecnología destinada a la modificación del llamado sexo biológico estuvo, desde el inicio, al servicio de afianzar el dispositivo de la diferencia sexual, ese que nos identifica a unos y a otros como hombres y mujeres, y que, a través de dicha distinción, permite someter y explotar unos cuerpos sobre otros; que los cambios de sexo fueron promovidos por la misma racionalidad que ahora los condena con el fin de cancelar toda ambivalencia o equívoco en cuanto a la identidad sexual que la figura del hermafrodita hacía tambalear; y finalmente, que el concepto de disforia de género, mediante el cual se permite y alienta la modificación del cuerpo biológico, reposa en una distinción metafísica entre cuerpo y mente digna de los reyes de la luna que aparecen en *Las aventuras del barón Münchhausen*. Es más que obvio que nadie nace en un cuerpo equivocado, pero no, como pretenden los reaccionarios, porque es el cuerpo biológico el que manda y la mente enferma la que se equivoca, lo que sería un alegato en favor del fundamento, sino porque no hay tal distinción entre cuerpo y mente, a menos que retrocedamos al cartesianismo del siglo XVII y nos inventemos una glándula pineal que los conecte.

¿De dónde proviene entonces el deseo trans? ¿Acaso no se trata de un alma femenina atrapada en un cuerpo masculino o viceversa? Tratemos de no ser infantiles ni demasiado anacrónicos. Más allá de la particularidad de cada caso, el deseo trans es, en verdad, el deseo que deberíamos sentir todos, aquel que brota del desacuerdo fundamental con nuestro propio género. Es el deseo de escapar al dispositivo que nos condena a un mundo de víctimas y victimarios, el deseo de no someterse a la identidad que han preparado para nosotros. Un deseo político, por lo tanto. Me encanta que te encante ser mujer, pero, sinceramente, me parece una estupidez. Tanto como sentirse orgulloso de ser hombre, con o sin pene. Como afirma Hannah en estos diarios, no se trata únicamente de denunciar la violencia de género. Si hay violencia de género es porque el género es la violencia. Es mediante el dispositivo político de la diferencia sexual que unos sujetos, en virtud de una característica anatómica anecdótica, sienten la necesidad de cumplir el mandato de la masculinidad, el deseo de dominación y descarga, la pulsión de poder. Y es gracias al mismo dispositivo que otros sujetos se pasan la vida deseando ser deseados, sometidos y victimizados. Por no hablar de la estructura económica que durante siglos ha hecho pasar el trabajo sexual y el trabajo reproductivo por amor y cuidados.

En un mundo regido por el dispositivo de la diferencia sexual, ¿quién, con un mínimo de lucidez, podría desear ser hombre o ser mujer? Es justo esto lo que Hannah se plantea en estos diarios, con un gesto radical de hastío ante su propia masculinidad: «¿Qué hombre justo querría ser hombre en un mundo como este?». Solo Žižek, a tenor de sus últimas declaraciones.

En su presentación a las memorias de Herculine Barbin, Foucault afirma: «El siglo XIX estuvo fuertemente obsesionado por el tema del hermafrodita, un poco como el siglo XVIII lo estuvo por el del travesti». Bien pudiera ser que el siglo XXI lo esté con la figura del trans. El travesti, como las *Drag* a las que Butler apela para afianzar su teoría del performativo, pone en cuestión la norma del género. Muestra con su *performance* exagerada que el género es una construcción y que no se adecúa necesariamente al sexo. Por su parte, el hermafrodita viola la ley. Es más, demuestra con su sola existencia que la ley de la diferencia sexual no existe. Por eso los médicos corren a enmendar el error allí donde la naturaleza les contradice. Todo un *Sex in trouble* en este caso,[1] más que un *Gender in trouble*.

1. Retomo la expresión *Sex in trouble* de la ponencia dictada por Ester Jordana «Historical Ontology of Sexual Difference» en el International Workshop «Abolish the

Sin embargo, el trans hace otra cosa. No solo pone en cuestión la coherencia entre sexo y género, entre la ley y la norma, sino que subvierte el deseo a ellos asociado. El deseo no está allí donde se esperaba encontrarlo, atadito bien corto al sexo biológico o a la construcción simbólica del género, en favor de una u otra identidad. No es nada seguro que detrás del deseo trans haya un deseo de ser mujer o un deseo de ser hombre. No está nada claro que «el transexual sea el último en creer en el verdadero sexo», como afirma Eric Marty (2021). Hay en él, en todo caso, un deseo de tránsito que es deseo de escapar al dispositivo de la diferencia sexual. Creo que es esto lo que *Los diarios de Hannah*, con sus idas y venidas de la masculinidad a la feminidad y viceversa, nos vienen a mostrar.

¿Por qué este deseo de tránsito? Habrá que preguntarle a Alicia. En sus lecturas cruzadas de las memorias de Herculine Barbin, Foucault y Butler señalan una cuestión que quizás nos permita comprender algo de este deseo. En el texto de Foucault de 1980, en la introducción a la edición americana de las memorias de Herculine, hay una referencia a *Alicia en el país de las maravillas* que se pierde en su traducción española y que sirve de acicate a Butler para emprender su crítica. Foucault escribe que al leer la descripción que Herculine hace de la vida monacal, previa a su reasignación de sexo, se tiene la impresión de que todo transcurría en un mundo de arrebatos, tristezas y placeres tibios, posibilitados por la no identidad de Herculine, así como por la monosexualidad de la comunidad a

Family. Structures of care and Politics of Sexual Difference». University of Southern California, L.A., 1-2 de diciembre de 2022.

la que pertenecía y que imposibilitaba el deseo por el sexo contrario. «Un mundo donde flotaban, en el aire, sonrisas sin gato», escribe Foucault.

Butler retomará esta expresión para señalar el retroceso de Foucault frente a sus propias posiciones en *Historia de la sexualidad*, ya que a través de ella parece restablecer la creencia de una sexualidad libre anterior a la ley. Esta descripción bucólica y romantizada de la sexualidad de Herculine es, para Butler, efecto de otra norma, la de los relatos románticos y la de las prácticas sexuales lésbicas a la vez condenadas y alentadas en el pensionado de muchachas donde transcurren los días de esta hermafrodita. Si el sexo es una construcción histórica, biopolíticamente construida, se hace difícil imaginar una práctica sexual emancipada de toda norma y de toda ley, ajena al dispositivo. Ni siquiera en la comunidad lésbica de las monjas, ni probablemente tampoco en las comunidades gay californianas que permitieron a Foucault ingresar en un modo de vida inédito para él hasta ese momento, sea posible escapar al dispositivo de la sexualidad. Tal vez por ello afirme Lacan que no hay relación sexual.

Sin embargo, la idea de un mundo de «sonrisas sin gato», es decir, sin el imperativo de la diferencia sexual, parece alentar tanto las sociedades monosexuales que interesan a Foucault como muchas de las transiciones actuales. Véase, como ejemplo, la descripción que hace Preciado en su reciente *Dysphoria mundi* (2022) de su encuentro con una trans MtF, siendo él FtM: «El desplazamiento del eje hombre-mujer/heterosexual-homosexual suponía la invención de otro deseo, de otra forma de follar [...] un polvo sin hombres y sin mujeres». Un polvo sin hombres ni mujeres sería del todo deseable, incluso entre hombres y mujeres. Sería tan raro como una sonrisa sin gato, pero podemos estar seguros de que al menos nadie pagaría por él. Reducción inmediata de un enorme segmento de mercado. Imaginen a las fuerzas armadas estadounidenses a la caza de este tipo de sonrisas flotantes que no habrían tenido lugar ni en el barco de *Querelle*.

Si el siglo XXI está obsesionado por la figura del trans es por lo que su experiencia testimonia acerca de nuestro deseo, atado demasiado corto al dispositivo de la diferencia sexual. El trans es alguien que no se resigna, que no acepta de buen grado la identidad para la que ha sido configurado, ni el deseo a ella asociado. Esta revuelta contra el deseo y la identidad no carece de melancolía. El diario de Hannah, que tenéis en las manos, rebosa este estado de ánimo. No faltará en este punto quien psicologice sus motivaciones: la nostalgia de una madre omnipresente, la forclusión del nombre del padre, ese «ahorrador de placeres», el trauma: «Aprendí el sexo bajo el signo del abuso»..., pero, en verdad, ¿a quién le importan los motivos de Alicia sino a ella misma? ¿Quién está interesado en saber por qué Alicia se dirigió hacia la Liebre de Marzo en lugar de hacia la casa del sombrerero? Lo importante no son las motivaciones ocultas de cada cual, sino lo que se hace con ellas.

Lo interesante de la melancolía es su potencial político. El melancólico, dice Kristeva, es alguien que no sabe perder. No saber perder es lo contrario a conformarse. En su experimento de transformación Hannah pierde siempre, pero no menos que cualquier cisgénero. A pesar de la hormonación, no alcanza a comprender el deseo femenino, que a veces experimenta como ausencia de deseo. Por otra parte, el deseo masculino, vinculado a la pornografía y el sexo esporádico, aparece a menudo como una recaída. Ni hombre ni mujer, «un hombre llamado Hannah», da cuenta de las encrucijadas del deseo configurado por la diferencia sexual. Por una vez los estrógenos no sirven para afianzar el dispositivo, sino para ponerlo en cuestión en un viaje de ida y vuelta en el que se pone el propio cuerpo.

Probablemente la alta tasa de suicidios entre los sujetos trans se deba menos al bisturí y las hormonas que a la posición melancólica de la que parten, y que es una puesta en cuestión del mundo simbólico en su totalidad, tal y como está organizado a través de la violencia del género. El deseo trans alberga, por ello, el sueño político de un mundo de sonrisas sin gato. Sus diarios, memorias y blogs apelan antes a la comprensión que a su reconocimiento.

A las palomas que creen en el sexo verdadero solo se les pide: *Respect!* Al resto, comprender que su lucha nos concierne, puesto que estamos todos atrapados en el mismo dispositivo en el que el deseo corre, a plena luz, por autopistas de pago. Hannah, al igual que otros antes, se ha desviado: *Respect!* Tened por seguro, en cualquier caso, que a los que siguen conduciendo por la autopista nadie va a robarles los huevos. Pero que no se atrevan a decir que no pagan también su peaje: no habrán visto jamás una sonrisa sin gato. De hecho, ni siquiera, un gato que sonría. Para comprender a Alicia hay que bajar la velocidad.

AGRADECIMIENTOS

Agradezco a personas que me inspiraron a lo largo del proceso.

A Sebastià Portell, por escucharme en el momento preciso y por saber que hay más cuerpos en un cuerpo.

A Isabel Chavarria, Rosa Pou i Mercè Saperas, por recordarme que la vida es verdad, no importa cuán inverosímil.

A Pablo Pérez, porque *Un año sin amor* me enseñó que desnudar el alma es un acto político.

A Taki Cordas, por dar la palabra a saberes distintos.

A Charles MacDonald, porque no hay temas demasiado impertinentes.

A Esther Baena, por la bondad hacia todos los animales.

Agradezco a personas que me dieron a luz.

A Mar C. Llop, a cuya memoria dedico estos diarios, por todo el apoyo, por todo el coraje, por todo el cariño en todo momento.

A Rosa Almirall, Jordi Reviriego y todo el equipo de profesionales y científicos que comparten, de tú a tú, herramientas válidas y seguras para la travesía del género con las personas que desean hacerla.

A Arnau Pons, por sugerirme el nombre del no-hombre que solo Hannah podía parir.

A Toni Payán, por fotografiarme como si me estuviera pariendo.

A Moriah Ferrús y al rabino Haim Ovadia, por aceptarme de Vuelta tal y como soy.

Agradezco, por último, a personas que hicieron realidad estos diarios.

A Caterina Da Lisca, zahorí del porvenir, por la fe inquebrantable en este libro que no lo sería sin ella.

A Alfredo Landman, el editor que fue lo suficientemente escéptico como para creer en mí.

A Paula Pons y todo el equipo de NED, porque hacen alquimia, que es el trabajo más duro.

A Laura Llevadot, por un epílogo como solo ella podría haber escrito, y por recordarnos que nadie puede pensar por nosotras.

A Juanjo Ochoa, primera estrella de la mañana y última de la noche, por ser luz que me sostiene.